项目资助:
国家自然科学基金项目（41361080）
甘肃省自然科学基金项目（1308RJZA124）
兰州交通大学科技支撑基金项目（120008）

黄土高原土地退化与植被动态的遥感分析

孙建国 著

中国环境出版社 · 北京

图书在版编目（CIP）数据

黄土高原土地退化与植被动态的遥感分析 / 孙建国著.
—北京：中国环境出版社，2014.2
ISBN 978-7-5111-1440-2

Ⅰ. ①黄… Ⅱ. ①孙… Ⅲ. ①遥感技术—应用—黄土高原—土地退化—研究②遥感技术—应用—黄土高原—植被—研究 Ⅳ. ①F323.2②Q948.524

中国版本图书馆 CIP 数据核字（2014）第 013533 号

出 版 人 王新程
策划编辑 王素娟
责任编辑 俞光旭
文字编辑 赵楠婕
责任校对 唐丽虹
封面设计 宋 瑞

出版发行 中国环境出版社
（100062 北京市东城区广渠门内大街 16 号）
网 址：http：//www.cesp.com.cn
电子邮箱：bjgl@cesp.com.cn
联系电话：010-67112765（编辑管理部）
发行热线：010-67125803，010-67113405（传真）
印 刷 北京市联华印刷厂
经 销 各地新华书店
版 次 2014 年 3 月第 1 版
印 次 2014 年 3 月第 1 次印刷
开 本 787×1092 1/16
印 张 9.5
字 数 202 千字
定 价 36.00 元

前　言

土地退化是当今人类社会面临的重大生态环境问题之一，科学合理的监测和评价是防治土地退化的重要基础。20 世纪 80 年代以来，国际社会使用各种指标和方法进行了大量的土地退化监测和评价工作，但对全球范围内土地退化的现状、动态和危险性仍然存在很大争议，一个重要原因在于，现有研究大多面向较小区域且专注于评价指标体系的讨论，针对较大区域的、能够有效区分土地退化过程中气候变化和人类活动相对作用（贡献率）的研究还相当有限。

定量区分土地退化及恢复过程中气候和人类因素的贡献率，是一项颇具挑战性的研究任务，既受相关理论基础的制约，又有数据方面的束缚。近年来，植被指数和气候数据相结合的分析方法为大区域尺度上土地退化监测以及气候和人类影响量化研究提供了一条低成本的可行途径，显示出良好的应用前景。黄土高原是我国典型的生态脆弱区，自西北向东南由干旱、半干旱过渡为半湿润气候带，土地退化形式也由荒漠化为主过渡为水土流失为主。由于人类对土地的不合理利用，特别是草地过度放牧和陡坡地开垦，导致荒漠化和水土流失进一步加剧。为了改善该区的植被覆盖，治理土地退化，中国政府投入了大量的人力、物力和财力，尤其是自 1999 年开始，实施了退耕还林（草）等大规模植被建设与恢复工程，工程实施的生态效应亟需科学监测和评价。

作者自 2005 年攻读博士学位起，便逐渐关注黄土高原土地退化/植被动态及其成因的遥感分析这一论题。自 2010 年开始的博士后研究延续了此项工作。本书是在改编作者博士学位论文的基础上，集成了新近公开发表的几篇学术论文而成，内容共分为三篇。第一篇以陕北榆林市为例，对基于植被指数和气候数据时间序列的黄土高原土地退化/植被动态监测开展了一系列应用基础研究。明确了使用降水利用效率法（RUE）、残差趋势法（RESTREND）的不可靠性；定义了一个植被活动气候适宜性指数（CSI），并在此基础上构造了一个土地退化动态指数（LDDI）。第二篇主要以西北黄土高原为研究区，提出并验证了区分植被动态中气候和人类因素贡献率的“去趋势回归残差分析法”，旨在消除两种驱动因子的“共趋势效应”。第三篇讨论了利用光谱专题指数改善土地利用/覆盖分类精度和利用纹理特征提高山区高分辨率遥感影像分类精度等问题。

在本书的编写过程中，中国科学院寒区旱区环境与工程研究所的王涛研究员、武汉大学的艾廷华教授、西北师范大学的赵军教授、中国科学院地理科学与资源研究所的戴尔阜研究员、兰州交通大学的闫浩文教授给予了悉心指导和帮助。本书的完成还得到了韩惠、杨树文、刘涛、魏冠军、段焕娥、曹静等同事以及汪秀泽、张卓等几位研究生的热心支持。在此，谨向关心和帮助我进步的所有老师、同事、朋友和家人表示诚挚的谢意！感谢本书引用或参考著作的学者们！感谢国家自然科学基金、甘肃省自然科学基金和兰州交通大学科技支撑基金的大力资助！

由于作者水平有限，书中难免有错误与疏漏之处，恳请各位专家和读者批评指正，欢迎来信探讨（sunjguo@mail.lzjtu.cn）并提出宝贵的修改意见。

孙建国

2013 年国庆节于兰州

目　录

第一篇　基于植被指数和气候数据的土地退化监测研究

第三篇　土地利用分类遥感应用研究

第一篇

基于植被指数和气候数据的土地退化监测研究

第 1 章　土地退化及其评价概述

1.1　土地退化的概念、类型和危害

1.1.1　土地退化的概念

土地资源是人类生存的基础，它随时随地发生着自然和人为的变化。随着世界人口和全球气候环境变化，人类对土地压力的明显增加，土地退化问题也越来越危及人类的生存。特别在发展中国家，由于有限的土地资源上负载力过大，经济的快速发展占用土地过多，加之土地管理制度不够健全、土地经营粗放，土地资源利用不合理现象普遍存在，如土地的过度开发耕种、森林的过度砍伐、草原的过度放牧、水资源的不合理利用等。土地利用形式的变化，不仅改变了局地的能量平衡和物质交换（即改变了地表蒸发、蒸散，影响自然界的水循环），而且破坏了自然界的生态平衡、改变着自然界的碳循环，并使土壤肥力和持水能力下降，致使土壤贫瘠化、盐碱化、沙漠化、沼泽化、石质化、钙积化以及水土流失等现象发生，统称为“土地退化”（赵英时等，2003）。

土地退化中，尤以土地荒漠化危害最大。一般地，“荒漠化”是指特定生物气候类型区（干旱、半干旱和亚湿润干旱区）的土地退化（INCD，1994）。

法国植物学家 Aubreville 于 1949 年首先提出荒漠化（desertification）一词，他把由于滥伐和盲目烧荒造成的非洲热带森林向热带草原演化的过程称为荒漠化。

1977 年，在肯尼亚内罗毕召开的联合国荒漠化会议上对荒漠化提出了较为明确的定义，之后，科学家们围绕荒漠化概念和内涵进行了深入探讨，并根据各自的专业背景相继提出了 100 多个定义（张宏等，1999）。

直到 1992 年在巴西里约热内卢召开的“联合国环境与发展大会”才提出了为世界各国所公认的荒漠化定义，该定义经过 1993 年和 1994 年国际荒漠化公约政府间谈判委员会（INCD）的多次讨论，在正式通过的《联合国关于在发生严重干旱和/或荒漠化的国家特别是在非洲防治荒漠化的公约》（以下简称《公约》或《联合国防治荒漠化公约》）中，将荒漠化叙述为：包括气候变异和人类活动在内的种种因素作用下，干旱、半干旱和亚湿润干旱区的土地退化（UNCCD，1994）。

土地退化（land degradation）是指由于使用土地或由于一种营力或数种营力结合，

致使干旱、半干旱和亚湿润干旱地区雨浇地、水浇地或草原、牧场、森林和林地的生物或经济生产力和复杂性下降或丧失，其中包括：风蚀和水蚀致使土壤物质流失；土壤的物理、化学和生物特性或经济特性退化；自然植被长期丧失等。“干旱、半干旱和亚湿润干旱区”[①]是指年降水量与潜在蒸发散之比即湿润指数（MI）在0.05～0.65的地区，但不包括极区和副极区（表1-1）。“土地”是指具有陆地生物生产力的系统，由土壤、植物、其他生物区系和在该系统中发挥作用的生态及水文过程组成。

表1-1 湿润指数及干湿气候分区

MI	干湿气候区
＜0.05	极端干旱区（Extreme arid area）*
0.05～0.20	干旱区（Arid area）
0.21～0.50	半干旱区（Semi- arid area）
0.51～0.65	亚湿润干旱区（Dry sub-humid area）
＞0.65	湿润区（Humid area）*

注：* 不属于可能发生荒漠化的气候范围。

过去，英文“Desertification”的中译名为沙漠化，因为“Desert”一词在辞书里既译为沙漠也译为荒漠。但中文的“沙漠”与“荒漠”在概念内涵上是存在差别的。1994年6月17日在巴黎举行《公约》签约仪式以后，我国政府就使用“沙漠化”概念还是“荒漠化”概念问题，组织了由外交部、林业部、中国科学院等单位专家参加的讨论会，与会专家一致认为使用“荒漠化”表达较为准确，并在国务院防治荒漠化协调小组联络员会议上讨论通过和新闻发布会上公布。一些学者考虑到“沙漠化”一词已使用多年，形成了习惯，在整体上将“Desertification”称为“荒漠化”，在类型上将风蚀荒漠化和沙化土地称为“沙漠化”（慈龙骏等，2005）。

“荒漠化”既是学术术语，又是政治词汇。更确切地讲，联合国的荒漠化概念是政府间政治谈判的结果，是权利和义务平衡的结果，学术界仍然存在争议。朱震达（1998）认为半湿润和湿润地区也存在荒漠化，田亚平（2003）认为荒漠化的内涵应以类荒漠景观（Desert-like landscape）为标志、以脆弱生态环境为背景，否则就没有必要在“土地退化”的基础上再提出一个“荒漠化”的概念。许多专家认为荒漠化一词缺乏科学性，其定义是政治妥协的结果，其目的就是使受影响国家从捐助国那里获得长期性的经济援助（Mainguet，1991），从荒漠化目前的定义来看其完全等同于干旱、半干旱和干燥的亚湿润地区的土地退化，而土地退化一词远不像荒漠化一样具有太多的感情色彩（Houerou，1996）。

本研究是针对干旱、半干旱地区，因此对“荒漠化”和“土地退化”两个术语的使

① 干旱（arid）、半干旱（semi-arid）和亚湿润干旱地区（dry subhumid）常被通称为干旱区（dryland）。

用不予区分，尽可能使用“土地退化”一词。另外，“荒漠化与土地退化”作为一种过程，必然有其逆过程发生，为了表述上的方便，在不引起混淆的情况下，允许“荒漠化/土地退化”术语在含义上包括其逆过程。

1.1.2　土地退化的类型

伴随着对土地退化概念和内涵的争议，土地退化的类型划分也一直存在很大分歧。根据目前国内外的研究，土地退化类型可以概括为以营力为主的划分形式和以土地利用类型为主的划分形式（刘玉平，1998）。如，联合国环境规划署公布的全球荒漠化土地面积，是以土地利用类型（雨养耕地、灌溉耕地和草场等）来划分的，而我国公布的荒漠化面积是按营力类型来划分的。

按营力类型，可将土地退化划分为风蚀土地退化、水蚀土地退化、冻融土地退化和盐渍化四种类型（慈龙骏等，2005；刘爱霞，2004）。

（1）风蚀土地退化

风蚀土地退化即沙质荒漠化，也就是沙漠化，是以空气动力为主的自然营力叠加在人类活动的条件下所造成的土地退化过程。干旱多风和沙源丰富的沙质地表是产生风蚀沙漠化的条件和物质基础。特别是在干旱、大风在时间上同步的情况下，人为活动造成植被的破坏，为沙质荒漠化的发生提供了可能。我国的风蚀土地退化分布区主要位于西部沙漠周围的绿洲区、内蒙古高原上的沙地以及东北平原西部的沙地。

（2）水蚀土地退化

水蚀土地退化是以降水和重力作用为自然营力叠加在人类不合理活动条件下的土地退化。我国的水蚀土地退化主要分布在黄土高原西部和北部的半干旱、亚湿润干旱区、北方的石灰岩分布地区。

（3）冻融土地退化

冻融土地退化主要发生在高海拔地区，由于季节和昼夜温差大，岩体和土体因剧烈的热胀冷缩而造成地表利用难度加大而引起的土地退化，如我国青藏高原的一些高海拔地区。

（4）盐渍化

盐渍化是在干旱、亚干旱条件下由于不合理灌溉和管理措施不当产生的可溶性盐类在地表的累积而造成的土地退化过程。我国的土壤盐渍化主要分布于各大绿洲以及河套平原、银川平原、华北平原和东北平原西部的部分地区。

以营力为依据划分土地退化类型，在宏观上大范围评价一个地区的主要土地退化类型比较容易，比如毛乌素沙区中部地区，在总体上是以风蚀为主的土地退化形式。但在一定的范围内，空间上土地退化的营力类型是交错分布的，不单是一种土地退化营力类型。毛乌素沙区低湿滩地土地退化表现为盐渍化过程，开垦的旱地退化表现为风蚀过程，而梁地退化则表现为水蚀过程。另一方面，在时间上土地退化营力是变化的，同一地区在一年内，造成土地退化的营力不一样。旱地在冬春季节主要是风蚀过程，而在夏秋季节主要是降水的侵蚀过程（刘玉平，1998）。由此可见，在空间显式（以像元为单位）的土地退化类型划分中，依据营力类型来划分土地退化类型存在一定的困难。

1.1.3 土地退化的表现及其危害

尽管在概念界定和类型划分上还存在种种争论，“荒漠化/土地退化”作为当今人类面临的严重环境问题之一却是公认的事实（Reynolds and Stafford Smith，2002）。土地退化直接危害生态环境，具体表现有以下几个方面（赵英时等，2003；李宝林等，2000；蒋焕洲等，2001）：

① 地表组成物质的变化。细粒减少，粗粒含量增加，土壤机械组成粗化，使土壤物理性状恶化，容重增加，孔隙度减小，透水性增加，保肥保水性减弱，土壤养分流失肥力下降，而且这种下降程度随土地退化程度加剧而加剧。

② 地表形态的变化。随着土地退化进程的加剧，地表形态会出现不同程度的变化，出现片状流沙直至流动沙丘（风蚀荒漠化地区）或侵蚀沟（水蚀荒漠化地区），或形成盐壳（盐渍化），使得原始地形破碎，土地农、林、牧等行业利用难度加大。

③ 天然植被衰败。荒漠化使植被的空间格局发生变化，群落结构逐渐变得简单，多度及盖度均有不同程度的减少，植被的生长势减弱、生活力衰退，最终导致了生物多样性的丧失。由于缺乏植被的保护，风沙作用变得强烈，风挟带着沙粒不断地对地面摩擦掏蚀，风沙地貌逐渐发育。

④ 生态环境恶化，生态系统功能紊乱，平衡失调。林草遭到严重破坏，致使涵养水源、阻滞洪水的能力下降甚至完全丧失，从而导致山洪泛滥，水土流失；生物栖息地类型单一或丧失，物种生存和生产能力降低，造成种群、群落结构和生物多样性破坏，打破了原有的生态平衡，使生态环境恶化，加重自然灾害发生。

所有类型的退化都直接导致土地的生物或经济生产力和复杂性下降乃至丧失，除造成土地资源的丧失外，还影响全球碳的固定和生物多样性的保护。如源于土地退化沙尘暴的频繁发生，也严重地威胁着人民生命和财产的安全（夏训成等，1996）。据联合国公布的资料，目前荒漠化已影响到世界 1/5 的人口和全球 1/3 的陆地，而且每年以 5 万～7 万 km^2 的速度扩展，造成的经济损失每年达 420 亿美元。

中国是世界上“荒漠化/土地退化”面积大、分布广、危害重的国家之一。根据第 3 次国家荒漠化和沙化监测结果，我国荒漠化土地面积为 263.6 万 km^2，占我国国土面积的 27.5%，主要分布在西北大部、华北北部及东北西部，其中，风蚀荒漠化、水蚀荒漠化、冻融荒漠化和盐渍化土地面积分别占 69.7%、9.8%、13.8%和 6.6%（国家林业局，2005）。

荒漠化的扩展趋势已经严重威胁到人类社会的可持续发展，荒漠化防治正成为一个全球行动的优先领域。中国政府、社会和学术界对荒漠化问题给予了相当的重视。1994 年 3 月国务院批准的《中国 21 世纪议程——中国 21 世纪人口、环境与发展白皮书》中把“荒漠化防治”列入第 16 章，成为持续发展的重要环境问题。《公约》于 1994 年签署之后，中国先后成立了执行委员会和中国荒漠化监测中心、培训中心、研究与发展中心（李清河等，1998）。

1.2　土地退化监测和评价的类型和指标体系

科学有效的土地退化监测和评价是土地退化防治的基础。土地退化监测和评价的研究与实践已有 30 年的历史，但其理论与方法还远未成熟，落后于土地退化防治的客观需求。

一般认为，土地退化监测和评价问题受到关注是始于 Lamprey 对撒哈拉沙漠动态的研究（Lamprey，1975）。他通过野外调查获得 1975 年撒哈拉沙漠的边界，并与已有的一张 1958 年本区植被图对比，发现沙漠边界年均南移 5.5 km。这项研究将荒漠化看作荒漠（沙漠）扩展结果，无法揭示荒漠化的本质特征——土地退化过程，其研究结论自然受到许多同行的批评（Hellden，1991；Tucker et al.，1991）。尽管以 Lamprey 的研究为代表的工作从现在看来不是真正的荒漠化评价，但却拉开了荒漠化评价的序幕，之后荒漠化评价成为荒漠化研究的热点。

1.2.1　土地退化监测和评价的类型

按照联合国《荒漠化评价和制图的暂行方法》的规定（FAO/UNEP，1984），完整的土地退化评价应当由现状评价（status）、发展速率评价（rate）和潜在危险性评价（risk）三个部分组成，目前进行的土地退化评价大部分是现状评价。

（1）土地退化现状评价

土地退化现状评价是其他两类评价过程的基础。土地退化现状评价是指在特定时间和地域条件下，土地评价单元退化的程度。退化程度是指土地质量远离未退化或基线状态的程度。现状评价的最后结果是土地退化现状分布图，图上显示目前不同评价单元（地块或像元）土地退化的等级（如：轻度、中度、严重和极严重）。

现状评价的核心是评价指标的选择、评价基准的确定以及等级的划分方法，这些也都关系到评价的科学性、客观性、适用性和可比性。

（2）土地退化发展速率评价

土地退化发展速率评价是指土地退化向同一方向发展的速度，即反映土地退化发展的快慢程度。地区之间退化现状相同，也许发展速度不同。比如草场退化发展速度一般较慢（几十年的周期），而交通建设所引起的土地退化发展速度非常快，几年内就可发展到极严重程度。发展速率不同，危险性不同，预防和治理的措施也就不同。速率评价一般不能简单的用连接两次测定的直线来表示，应该由数次测定所判定的连续发展趋势来表示。随着多时相（遥感）数据的不断丰富，对土地退化速率评价的研究日益增多。

速率评价实际上就是动态评价，也就是监测。广义上讲，评价包括了监测的内容（杨晓晖等，2006）。

（3）土地退化危险性评价

土地退化潜在危险性评价，也称土地退化敏感性评价，是在现状、速率评价的基础上，结合自然条件的脆弱性和人类活动对环境的压力等，对土地退化所做的综合评价。自然条件也叫土地退化内在危险性，可包括土壤的易风蚀性、降水变率等。环境压力主要指人口压力和牲畜压力，可用人口超载率和牲畜超载率等来表示（刘玉平，1998）。

1.2.2 土地退化评价的指标体系

一般地，土地退化评价指标随土地退化的类型、土地退化评价的类型以及时空尺度等的不同而不同，由此形成评价的指标体系。指标体系是土地退化评价研究的核心内容，这方面的研究最为活跃，争论也最大。

1977 年联合国荒漠化大会召开以来的近 30 年里，众多机构和学者从不同角度提出了众多的荒漠化评价指标体系。例如：Berry 和 Ford（1977）提出了考虑气候、土壤、植物、动物和人类的影响，用于全球、地区（跨国家）、国家和地方 4 种尺度的全球第一套荒漠化评价指标体系。随后，Reining（1978）在 Berry 和 Ford 体系的基础上又提出了一套更具体化的指标系统。Dregne（1980）则根据各种土地利用类型确定了由物理、生物和社会经济指标构成的荒漠化指标体系。

联合国相关组织 FAO 和 UNEP 参考上述研究，于 1984 年制定了《荒漠化评价和制图的暂行方法》。其中，按荒漠化发生的营力类型，分别提出了荒漠化现状评价、发展速度评价和内在危险性评价的定量指标体系。该方法是迄今最为系统的荒漠化评价方法和指标体系，获得了多数学者的赞同。联合国粮食与农业组织（FAO）和联合国环境规划署（UNEP）按照该方法对全球荒漠化/土地退化状况进行过多次评价（Thomas et al.，1994；Middleton et al.，1998）

同期，我国学者也提出和发展了一套具中国特点的沙质荒漠化评价理论和指标体系（朱震达等，1984a；朱震达等，1984b；董玉祥等，1995；王涛等，1998）。作为实施《联合国防治荒漠化公约》的后续行动，国家林业局组织相关领域的专家，开展了第 1 次全国荒漠化监测工作，制定了详细的《全国荒漠化监测技术规定（试行）》，并先后开展了第 2 次和第 3 次全国荒漠化监测工作。

所有的土地退化评价指标体系，设计的目标都在于从不同侧面对退化这一个复杂现象和过程进行全面描述，它们的普遍不足主要有以下几个方面。

（1）各指标间相互交叉、重复甚至冲突

对特定的评价单元，各指标的评判可能不一致，按一些指标衡量可能是轻度退化，按另一些指标衡量可能会是中度甚至重度退化。为此，很多学者尝试使用一些数学方法对多元指标进行综合（胡孟春，1991；李振山等，1994；王君厚等，1996；高尚武等，

1998）。

（2）数据获取困难

除植被盖度、风成物覆盖率等指标利用遥感手段比较容易获得外，其他指标一般需要投入大量的人力物力进行野外实测，因而难以实施像元水平上的动态宏观监测（孙武等，2000；李宝林，2002；刘爱霞，2004）。

（3）指标阈值带有主观性且难以体现区域差异

评定退化程度等级的指标阈值往往是凭经验确定的，且难以体现区域差异，这使得不同自然条件下的土地处于同一标准下被评价，导致夸大或低估某些区域的土地退化程度（张广军，2005）。

（4）评价结果容易受气候年际变化引起的植被高波动的影响（刘爱霞，2004；高志海等，2004；Verón et al.，2006）。

20 世纪 90 年代后期，国际社会使用各种指标体系进行了大量的评价工作，但人们对土地退化现状、动态和危险性的认知并没有因此而显著增加（Verón et al.，2006）。这期间，土地退化总体上是基于样地调查的传统工作方式，在统计的基础上得到全球和大区域尺度上的结论和图件。

1.3 土地退化遥感监测技术

1.3.1 “3S”技术

20 世纪 90 年代，逐渐发展的“3S”技术，即遥感（Remote Sensing，RS）、地理信息系统（Geographic Information System，GIS）和全球定位系统（Global Positioning System，GPS）三位一体的合成技术，为土地退化动态监测提供了新的必要的技术保证。

RS 是应用探测仪器，不与探测目标相接触，从远处把目标的电磁波特性记录下来，通过分析，揭示出物体的特征性质及其变化的综合性探测技术。遥感系统主要包括以下五大部分：被测目标的信息特征、信息的获取、信息的传输与记录、信息的处理和信息的应用。RS 技术正朝着高分辨率、多时相和多角度方向发展，其应用也正经历由静态到动态、由定性到定量以及由区域到全球的发展过程，成像雷达更是遥感领域的一个崭新课题。

GIS 是在计算机硬件和软件支持下，应用地理信息科学和系统工程理论，科学管理和综合分析各种地理数据，提供管理、模拟、决策、规划、预测和预报等任务所需要的各种地理信息的技术系统。从计算机实现的技术角度看，地理信息系统是一个用于地理数据进行采集、管理、查询、计算、分析与可视表现的计算机技术系统。

GPS 是利用多颗导航卫星的无线电信号，对地球表面某地点进行定位、报时或对地表移动物体进行导航的技术系统。在 GIS 和 RS 领域主要用于观测数据的高精度定位、影像与图形数据之间的高精度配准、镶嵌、几何校正、多源数据复合处理和分析等。

“3S”技术是20世纪60年代前后逐步发展起来的三项高新技术，虽然仅有短短40年的发展历程，但其发展速度相当迅猛，目前已广泛应用于军事、农业、林业、渔业、气象、水利、地质、石油和交通等行业，在生态环境和资源领域的应用也日益频繁。基于计算机技术和现代通信传输技术支持的“3S”技术的集成应用不仅是一种发展趋势，而且已成为现实，目前它们正朝“无缝”集成方向发展。

遥感数据以其信息量大、覆盖区域广和短周期等诸多特点日趋成为大尺度土地退化监测的主要数据源（杨晓辉等，2004）。其中，将植被指标作为监测首选指标的研究得到了突飞猛进的发展。

1.3.2 基于植被指标的土地退化遥感监测

土地生态系统的退化至少包含了植被退化和土壤退化相互作用又相互联系的两方面（Grainger et al.，2000）。有人认为，植被退化容易逆转，土壤退化更能代表土地的长期退化趋势（Thomas et al.，1994）。但是，土壤指标，如土壤的质地、结构、养分和盐分状况、土壤微生物等，大都是一些实地调查指标，适合在小空间尺度的评价中应用。另外，土壤退化往往滞后于植被退化，一旦发生，其可逆性差而恢复治理难度大，使用土壤指标不利于荒漠化的早期诊断和有效防治。

相比之下，植被指标（如植被组成、植被类型、植被盖度、植被净初级生产力等），尤其是植被盖度（FVC）和植被净初级生产力（NPP）可通过遥感反演的手段较准确地获取，更适合作为较大空间尺度下土地退化快速监测的指标（高志海，2005；Symeonakis et al.，2004）。

一方面，FVC和NPP一般由植被指数（VI）通过模型计算得来，模型尚有较大的不确定性；另一方面，在荒漠化发生的干旱、半干旱乃至亚湿润干旱地区，FVC和NPP与VI之间存在一定程度的线性相关（Perry et al.，1984；Pettorelli et al.，2005），因此VI可以代替FVC和NPP而直接作为荒漠化评价的首选指标（Tucker et al.，1991；Mouat et al.，1997；Piao et al.，2005；龙晶，1998；李宝林等，2001）。NOAA-AVHRR、SPOT VGT、MODIS等高时间、低空间分辨率归一化植被指数（NDVI）数据源的免费发布，以及由它们所衍生的全球范围内的NPP、FVC数据，极大地促进了植被指标在土地退化监测和评价中的应用。

当然，并不是所有的土地退化过程都表现出由植被指数所反映的植被盖度或者植被生产力的明显下降，如灌溉耕地的产量下降、生物多样性的变化、牧草可食性的转变以及草地灌丛化等（Evans et al.，2004；Verón，2006；熊小刚等，2004），这在一定程度上也是大尺度土地退化遥感监测所无能无力的，需要与多源多分辨率遥感数据的结合使用，或者辅以一定的野外调查工作。

基于植被指标的土地退化监测虽然有其不可避免的局限性，但是由于植被对气候变化的敏感性，植被指标与气候数据的集成分析在排除气候年际变化干扰而监测人类活动导致的土地退化方面却独具优势，这也是本研究将要探讨的主要论题。

1.3.3 土地退化遥感监测的其他方法

与以植被生产力为主要指标的土地退化遥感监测的指导思想不同，也有学者建立了类似于 1.2.2 节中指标体系的指标群来综合监测土地退化，这些指标一般是能够结合 GIS 技术和地面观测数据来进行遥感反演获取的。

Tripathy（1996）利用 MSS 和 IRS 数据，选取反照率、NDVI、土壤侵蚀速率和土壤水分 4 个指标，通过 GIS 融合地面信息，完成了对印度 Gulbarga 的土地退化评价；Symeonakis 和 Drake（2004）用植被覆盖、降水利用效率、地表径流和土壤侵蚀 4 个指标建立了一个非洲土地退化监测系统；刘爱霞（2004）则选择了植被盖度（FVC）、改进型土壤调整植被指数（MSAVI）、反照率（Albedo）、陆地表面温度（LST）和土壤湿度（TVDI）共 5 个指标完成了中亚和中国西部的荒漠化监测。此外，高光谱分辨率成像光谱仪的出现，使利用成像光谱技术进行资源与生态环境监测成为今后的发展趋势，对土地退化评价与监测具有重要意义。虽然如此，土地退化过程遥感分析的一些基本问题还没有解决，如不同土地退化程度地表的光谱反射特征等（Tueller，1987），这些问题影响了土地退化评价中遥感技术应用的深度和广度。

土地退化是土地利用/覆盖变化（LUCC）的表现形式之一，因此使用基于遥感的 LUCC 研究方法也可在一定程度上描述土地退化。如刘彦随等（2002）以陕北长城沿线农牧交错区为例，运用遥感与 GIS 技术、定性与定量相结合的方法，对研究区 1985—1998 年土地利用类型转换及土地退化时空规律、趋势和机制等进行了评价与分析。陈玉福等（2006）基于卫星遥感信息和空间数据处理技术，并结合地面实地调查资料、气象观测和社会经济数据，对 20 世纪 80 年代末至 90 年代末这一地区土地利用与覆被变化和土地退化状况进行了深入分析。

土地退化评价还可以被看作是一个景观生态学问题，因为它包括许多过程（物理的、生物的、气候的和人类影响等），这些过程改变着景观结构。景观生态学分析方法通过构造一些模型去描述景观结构，进而揭示各种生态过程。李锋对景观生态学在荒漠化监测与评价中的应用进行了理论分析，而且通过初步应用研究，发现多样性指数、优势度指数、均匀度指数和马尔科夫模型等景观生态学指标和方法能较好地评价监测区荒漠化土地的动态变化规律，对分析不同景观类型和荒漠化土地的发展规律具有指示意义（李锋，1997；李锋等，2001）。

1.4 人类活动导致的土地退化遥感监测

1.4.1 概念

按照联合国的荒漠化定义，气候变化和人类活动是荒漠化/土地退化发生发展的两大成因。气候变化主要是指干旱的影响，即干旱程度的变化加速或延缓土地退化的进程；人类活动则包括了过度放牧、森林破坏、不当的农业和工业活动等。

在 NDVI 时间序列数据可用的 20 多年以内，气候变化也可以称为气候年际变化。气候年际变化包括逐年波动和多年趋势两种信号。从概念上讲，土地退化定义中的“气候变化”仅指多年趋势性变化，即气候的多年趋势性变化是土地退化或其逆转现象发生的原因之一，而气候的逐年波动则与土地退化过程无关，由其引起的植被的逐年波动信号是任何土地退化监测中需要尽可能排除的。

另一方面，区分土地退化过程中气候变化和人类活动各自的影响成分，是现代土地退化监测关注的一个热点。

不区分成因的土地退化监测和评价，从人类如何应对全球变化的宏观层面讲意义深远，但从区域尺度上资源、生态管理和可持续发展的角度来看，其结论往往容易引起人们认识上的曲解乃至决策上的失误（Binns，1990；Hellden，1991；Prince et al.，1998）。对于气候变化导致的土地退化，通常难以控制或改变，只能通过产业结构调整等方式被动适应；而对于人类活动导致的土地退化加剧，可以通过多种方式加以调控和防治。土地退化的逆转现象是人类活动还是气候变化所致也应该予以分辨，不可因为气候转暖转湿等带来的植被活动增强而乐观地估计人类进行荒漠化防治的成就（Piao et al.，2005），例如，我国荒漠化整体扩展趋势得到初步遏制，但近几年来西北干旱区降水相对偏多，较常年增加 3～5 成，对于植被恢复和人工治理成效的巩固和提高起到了促进作用（中国国家林业局，2005）。

以往的土地退化监测不能有效区分气候变化和人类活动两种因素各自所起的作用，但人们对区分的重要性早已有所认识（Weiss et al.，2001；艾丽坤等，2003；高清竹等，2005；杨凯等，2007）。例如，在荒漠化的定义中，有些学者和机构就直接将荒漠化成因界定为人类活动作用所致。再如，孙武等（1999）认为传统的荒漠化评价理论主要有全球人为作用下的土壤退化评价（GLASOD）、南亚及东南亚人为作用下土壤退化评价（ASSOD）和俄罗斯科学院提出的评价理论（RUSSIA）三种，可以看出传统的荒漠化评价思想也强调了人类活动或者人为因素的作用，只不过评价所获取的证据往往是气候变化的产物（王澄海等，2005）。

由此可见，区分土地退化中的气候变化和人类活动各自的作用，具有重要的理论与实践意义。实际上，确定成因应该是土地退化监测和评价的主要目标之一（那波等，2006；

慈龙骏，1998；刘玉平，1998），只有完成这一任务，土地退化监测才有真正的生产意义，才能为防治荒漠化提供科学的依据。

综上所述，从土地退化的定义来看，气候逐年波动和多年趋势性变化是截然不同的，后者是土地退化的成因之一，而前者是土地退化评价的干扰因素。尽管如此，本书中仍将它们统称为“气候变化”或“气候年际变化”，把区分土地退化过程中气候变化和人类活动各自的作用，和排除气候变化影响而进行人类活动导致的土地退化评价这两个不同的概念等同起来，这是因为：无论气候逐年波动还是多年趋势性变化，土地退化评价均要求尽可能排除它们所引起的地表覆盖（植被）变化信号而突出人类活动的作用，且在实现方法上讲，两者并没有区别。

本书（除第一章以外）中所谓“土地退化监测”是专指排除气候变化的作用而获得对人类活动导致的土地退化的动态评价。

1.4.2　理论假定

区分土地退化中的气候变化和人类活动各自的作用是一件极为困难的事情，既受土地退化过程理论水平的制约，又有数据方面的束缚。

土地退化、气候变化和人类活动是地球表层系统的子过程，三者之间存在各种正、负向反馈关系（图 1-1）。有关荒漠化对气候及其变化影响方面的研究开始较早，受 20 世纪六七十年代非洲萨赫勒地区特大干旱的影响，科学家们开始对荒漠化过程中植被破坏与干旱间的关系进行研究，其中最具代表性者当属被学术界称为“Charney 假说”的萨赫勒地区荒漠化的生物地球物理模型。该模型的核心内容是：由于人类或自然因素引起的旱地植被减少将提高地表反射率，降低地表温度和空气对流，从而降低地方和区域降水，降水的减少反过来限制了植被的生长，从而形成了一个反馈机制（Charney et al.，1975；Charney et al.，1977）。此后大量的实地观测和模型模拟研究均围绕这一假说进行，一些研究成果进一步证实了这一假说。

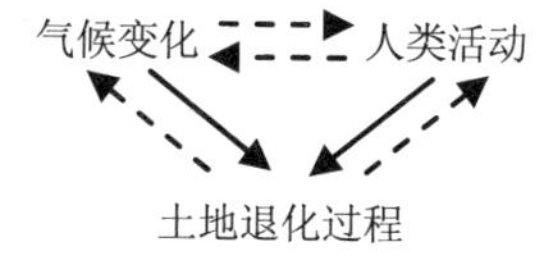

图 1-1　土地退化—气候变化—人类活动之间的反馈关系

而另外一些科学家则认为大多数旱地植被减少所引起的水文效应而非反射率效应是影响旱地表面能量平衡的主导因子。近来随着研究的不断深入，科学家们已经认识到旱地的水文状况、地表粗糙状况、地表反射率及其相互作用是影响区域气候的主要因子（Xue et al.，1993），但具体的作用机制尚有待于进一步研究。荒漠化过程不仅影响区域的干旱状况，其所带来的旱地植被和土壤退化对二氧化碳的固定和储存能力及其他温室气体排放的影响还将影响到区域或全球气候变化。Balling 等人对一些典型的严重荒漠化区域的研究结果表明，20 世纪这些区域的温度平均提高了 0.5 ℃，据此外插推出这一变化显著提高了全球变暖的趋势（Balling，1991）。虽然一些学者对这一结果的研究方法提出了异议，但该工作至少是一个好的开端（慈龙骏等，2002）。

由于理论、数据、技术等的制约，人们尚难以对这种复杂的反馈关系进行空间显式（像元水平）的准确模拟（Sivakumar，2007；Brunsell，2006；陈星等，2006；慈龙骏等，2002；吴绍洪，2007）。因此，所谓人类活动导致的土地退化监测，目前还只能建立在“土地退化—气候变化—人类活动”之间不存在复杂反馈关系的理论假定基础上，即仅考虑人类活动和气候变化对土地退化过程的直接作用（图 1-1 中的实线箭头）。

遥感植被指数作为植被（生物）生产力的反映，由于数据的易得性而成为大尺度土地退化监测的首选指标，气候变化信息则可以通过气象站点的多年观测记录来获取。相对来讲，人类活动难以直接定量化观测，因此，实现人类活动导致的土地退化监测，最简单的途径就是植被指数时间序列和气候观测数据时间序列相结合，通过剔除气候变化的影响来获得人类活动的作用成分。

1.5 小结

本章主要内容包括两个方面：

（1）阐述了土地退化的概念、类型和危害，土地退化监测和评价的类型和指标体系，土地退化遥感监测技术。

（2）介绍人类活动导致土地退化遥感监测的基本概念和理论假设，指出本书的主要论题是：植被指数和气候观测数据时间序列相结合，通过剔除气候变化的影响来监测人类活动对土地退化作用的成分。

第 2 章　研究背景与技术方案

2.1　关于数据源

2.1.1　植被指数

植被指数有数十种之多，其中归一化植被指数（normalized difference vegetation index，NDVI）应用最为广泛。

$$NDVI = (NIR - R) / (NIR + R)$$

式中，NIR、R 分别代表近红外波段和红光波段的反射率。

NDVI 是目前最为常用的表征植被活动的指标，它与植被覆盖度、生物量、净初级生产力、叶面积指数、光合作用有效能等植被生物物理特征密切相关。NDVI 的取值范围为±1.0，一般认为生长季节 NDVI 达到 0.1 以上表示有植被覆盖，增加表示绿色植被的增加；0.1 以下则表示地表无植被覆盖，如裸土、沙漠、戈壁、水体、冰雪和云（马明国等，2006）。

由于干旱、半干旱区植被覆盖比较稀疏，土壤及土壤湿度对最为常用的植被指数会有更大的影响（Carlson，1990；Huete，1988），因此在土地退化监测中采用对土壤背景做适当调整的植被指数可更准确地反映监测区域植被的真实状况。尽管如此，从目前的研究情况来看，NDVI 仍被作为荒漠化监测的首选，主要原因在于与土壤背景调整相关的植被指数中的一些参数确定尚存在一定的难度，而且对大范围的荒漠化评价而言，由于土壤类型的不同，需要确定的土壤参数不同，这可能会大大增加荒漠化监测的工作量以及过多的人为因素带来的不确定性。

常用的 NDVI 数据集主要由 NOAA-AVHRR、SPOT VGT、MODIS 等卫星传感器的多光谱数据转换而来，时间序列分别从 1980 年、1998 年、2000 年开始，原始数据的时间分辨率均为 1 天，空间分辨率分别为 1.1 km、1 km、0.25 km，数据预处理包括了几何校正、辐射校正和大气校正。NDVI 数据集一般采用目前国际上通用的最大值合成法（MVC），降低了时间分辨率（如 10 天），但提高了数据质量，进一步消除了云和太阳高度角的部分干扰（Holben，1986；Stow，2004；马明国，2006）。在使用过程中，还可利用一定的算法对 NDVI 时间序列做更进一步的平滑处理，如 HANTS（harmonic analysis of NDVI time-series)(Roerink et al., 2000)和"4253H, twice"(Van Dijk et al., 1987)。

2.1.2 气候数据

常见的气候因子主要有平均最高温度、平均最低温度、平均温度、大于 0℃积温、大于 10℃积温、平均相对湿度、平均水气压、平均风速、降水量等。虽然不同的研究采用了不同的气候因子,但最常用的两类气候因子仍然是降水和温度。

气候数据主要有遥感获取和气象站点观测两种获取方式。目前,气象遥感数据大多数情况下还难以满足区域尺度上实际应用的需求[①]。因此,气候数据一般由气象站点的连续观测而来,在与遥感数据匹配进行以像元为基本单位的土地退化监测研究时,需要借助 GIS 空间插值技术将其内插为相应空间分辨率的格网数据,内插精度将对监测结果产生显著影响。

空间内插方法众多,但没有普遍适用的好方法(李新,2000)。主要内插模型的对比研究表明(朱会义,2004;Vicente-Serrano,2003),只有针对具体地理环境特征和插值要素特征,对样本数据进行空间变异性与相关性分析,才能设计或选择适当的内插方法。

2.2 单纯利用植被指数的土地退化监测

现有针对人为因素导致的土地退化监测研究,一般是基于植被指数(植被生产力)时间序列、通过消除植被指数变化信息中气候年际变化的影响来实现(见本书第 1 章 1.4 节)。然而,这并不意味着必须要使用气候数据,单纯利用植被指数时间序列也可在一定程度上完成这一任务。下面介绍单纯利用植被指数进行荒漠化监测的几个典型案例。

Weiss 等人(2001)用 NDVI 的 CV 多年变化趋势来监测沙特阿拉伯的草原退化情况,结果证明此方法能够成功用于干旱半干旱区。CV 为 NDVI 的年内变异系数(标准差/平均值)。用 12 个(年)CV 的值对每一个像元确定了线性回归关系,回归线的斜率反映了每个像元生物量的多年变化趋势。如果在研究时段内 CV 的变化趋势是下降的,则可推断出该区 NDVI 的年内变化幅度减小,即该区植被减少,正处于退化过程中。反之,CV 的变化趋势是上升的,则可认为该区的植被增加或生长状态变好,土地退化逆转。刘爱霞等(2004)也采用基于像元的 AVHRR/NDVI 的 CV 时序变化分析了西亚和中国西部的荒漠化,并初步证实这种变化与降水和气温的相关性不大,因此该方法是多年荒漠化监测的一个快速有效方法。

Lanfredi(2003)等用 NOAA-AVHRR 影像(1985—1999)通过小波转换的方法生成意大利南部 NDVI 和时序间的相关系数的空间分布图,并据此来确定多尺度的植被变化情况,结果表明,多分辨率的 AVHRR/NDVI 可以很好地从多尺度监测异质性很高的

---

① http://trmm.gsfc.nasa.gov;http://gpm.gsfc.nasa.gov.

干旱、半干旱区复杂的土地退化时空动态。

Lasaponara（2006）以意大利 Sicily 岛的 SPOT VGT NDVI（1999—2002）为例，讨论了主成分分析（PCA）在评估植被年际变异中的应用。结果表明，PCA 作为数据转换工具，有利于从多时相数据集中增强局部空间上的变化，因为没有显著变化的地区在多时相影像上表现为高度相关，而发生显著变化的区域则相关性较低。

Budde 等（2004）利用 NDVI 邻域统计分析手段，定义并识别"正常"像元和正、负"反常"像元，多年持续反常像元被解释为人类活动所致。该方法的基础是假定气候、土壤、地形、水文等自然要素在像元邻域空间上具有同质性。同样，姜立鹏等（2007）和卓莉等（2007）直接将邻域范围内 NDVI 或 NPP 最大的像元作为中心像元的评价参照。

单纯利用植被指数进行土地退化监测的方法，避免了使用气候数据，进一步降低了数据要求。也正因为如此，虽然它们对土地退化中气候年际变化的影响有一定的消除能力，但从理论上讲这种消除并不完整，因为方法本身没有考虑气候变化的空间变异特征，相对于植被指数和气候数据相结合的监测方法，其劣势是很明显的。

2.3 植被指数和气候数据相结合的土地退化监测

植被指数（植被生产力）和气候数据相结合的土地退化监测中，"植被降水利用效率"和"残差趋势法"是两种最为典型的代表性方法，它们都是基于这样一个简单的概念：土地退化导致侵蚀加剧、植被恶化、径流增加，从而引起每单位降水的植被生产力降低（Pickup，1996；Walker et al.，2002）。

2.3.1 植被降水利用效率

Houerou 等人（1977；1984）针对非洲萨赫勒和地中海干旱、半干旱地区的地面调查研究表明，草地植被生产力与年降水量显示出强烈正向相关，而与年平均温度的关系不明显，并据此提出了一个简单的指标用于土地退化评价，即植被降水利用效率（rainfall use efficiency，RUE；有时也称 precipitation use efficiency，PUE）：植被生产力与年降水量的比值。RUE 降低，即有人类活动引起的土地退化，反之则是人类活动的调整引起了土地状态的改善。具体使用时，RUE 定义中的植被生产力可以是实测或模型计算的 NPP，也可以用 VI 代替（Wessels et al.，2007）。

由于数据有限的制约，RUE 在提出后的十年时间里并没有受到重视，直到 1998 年，Prince（1998）和 Nicholson 等（1998）利用基于遥感数据的 RUE 方法对 1982—1990 年非洲萨赫勒地区是否有明显的人类活动导致的土地退化进行研究，其结论与此前多数学者的研究结论截然不同。随后，该方法也被应用到其他地区，如澳大利亚（Holm et al.，2003）、南非（O'Connor et al.，2001）和塞内加尔（Diouf and Lambin，2001）。由联合国粮农组织（FAO）委托，荷兰国际土壤参照样和信息中心（ISRIC）执行的土地退化与改良全球评价项目（GLADA）中，RUE 被认为是土地退化评价的关键指标之一[①]。

RUE 方法由于定义简单而使用较多，同时又备受争议（Huxman et al.，2004；Hein，2006；Symeonakis et al.，2004；高志海等，2005）。一些野外测量证实了退化土地具有较小的 RUE（Snyman et al.，1998；O'Connor et al.，2001），因此 RUE 方法能够去除由于降水波动而导致的植被年际波动，降低了降雨对退化评价指标的影响（Prince et al.，1998）。争议主要在于以下两个方面：

① 在未退化地区，RUE 并不一定保持稳定。最近的研究表明，RUE 与降水量有较明显的负相关，年际变化较大（Wessels et al.，2006）；

② RUE 忽略了气温的影响，这对非洲和西亚等热带干旱、半干旱地区是合理的，但对于温带的干旱、半干旱区（如中国的荒漠化潜在发生范围）而言，植被生物量与气温有密切关系（李晓兵等，2000）。这可能是 RUE 的提出已有多年而在中国使用不多的主要原因（高志海，2003；Bai Zhanguo et al.，2005）。

因此，可以认为 RUE 是一个区域性的经验指标，用 RUE 来监测土地退化不太可靠，对于中国而言，RUE 的适用价值更加需要进一步验证。

2.3.2 残差趋势法

对于热带亚热带干旱半干旱气候区而言，NDVI 与降水密切相关，与气温关系不明显（du Plessis，1999；Hielkema et al.，1986；Schmidt and Karnieli，2000；Tucker et al.，1991）。据此，Evans 等人（2004）提出了一种基于像元的植被生产力（$NDVI_{max}$，即 NDVI 年内最大值）-降水线性回归分析方法（图 2-1），其残差的年际趋势用以反映植被年际变化中的人为因素影响。在人类干扰轻微的情况下，残差年际变化应该围绕零值呈现出随机变化特征（图 2-1b）。如果残差的年际变化呈现显著下降趋势，表明人类活动造成了植被退化（图 2-1c）；反之，则认为人类活动引起了植被的恢复（图 2-1d）。该方法即所谓“残差趋势法”，简称为 RES。

Wessels 等人（2007）以南非为研究区，对 RUE 方法和残差趋势法进行对比，结果显示后者优于前者。

上述 Evans 的残差趋势法使用全时间序列的数据建立 NDVI 与降水的回归方程，假定了气候年际变异相对于人类活动的绝对主导作用，认为人类活动的影响只存在于 NDVI-降水回归模型的残差中，这一假设必然带来一定的偏差。因此进行时间分段，假定前一时段人为干扰很小，植被-降水年际关系处于平衡状态，用这一时段的数据建立回归模型，来度量后一时段人为因素引发的不平衡（参差），是解决这一问题的有效办法（Evans et al.，2004；曹鑫等，2006）。这需要较长时间序列数据的支持，且人类干扰可以忽略不计的历史平衡状态未必存在。

---

① http：//www．isric．org/UK/About+ISRIC/Projects/Current+Projects/GLADA．htm.

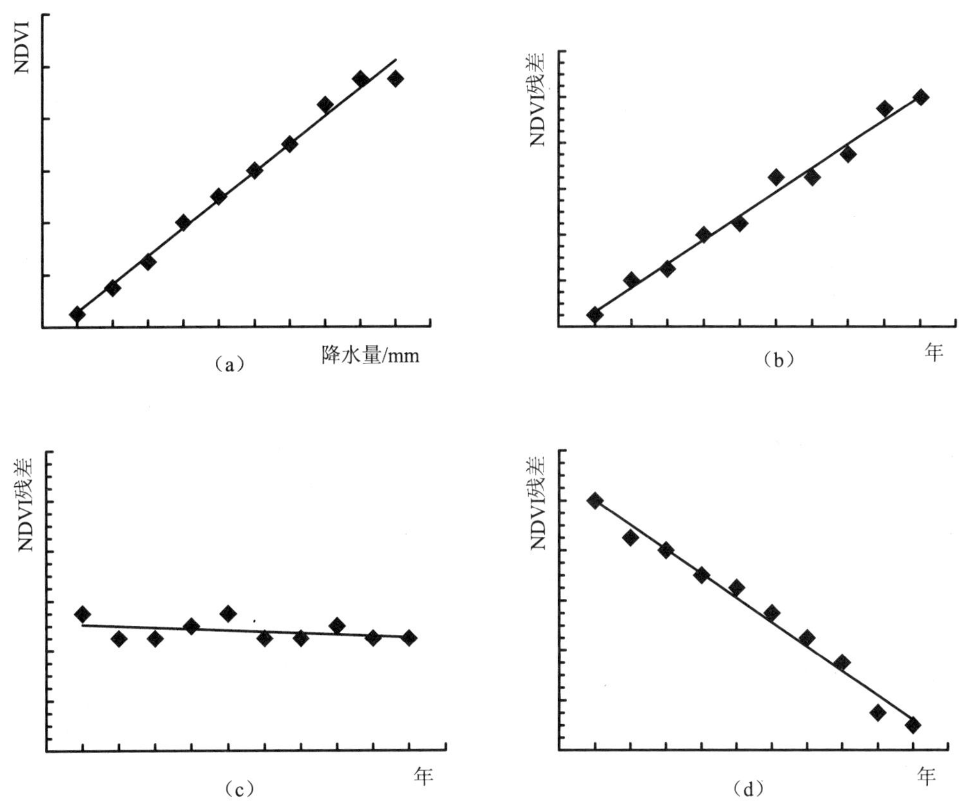

图 2-1　Evans 方法（残差趋势法）示意图

注：a 为 NDVI 与降水量的线性回归，b、c、d 为 NDVI 残差年际变化趋势。

结合中国北方温带草地的实际情况，国内学者对 Evans 方法做了改进。考虑了温带草地植被生长对气温的敏感性，在回归模型中加入了气温因子（曹鑫等，2006）。但是，NDVI 与气候因子（降水、气温）线性关系的假定并不一定成立，而要扩展到非线性回归模型则相当复杂（Zhou et al.，2003；Roerink et al.，2003），且较短的年份也不能满足其样本需求。卓莉等（2007）则认为，当空间范围较大并包含了不同的植被类型时，由于不同的植被类型可能具有不同量级的生物量，残差缺乏空间可比性，因此定义了“相对残差”取代原始方法中的绝对残差。

2.4　研究进展评述

植被指数和气候数据时间序列相结合的分析方法为大空间尺度上人类活动导致的土地退化监测提供了一条低数据成本的可行途径，显示了比较诱人的应用前景。然而，无论从理论还是实践上，或者从中国土地退化的特殊性上来讲，此类研究都还存在一些局限和不足。

第一，植被对气候变化的响应具有累积效应，除了当时的气候状况影响植被变化外，前一段时间的气候状况对植被生长状况也有滞后效应。国内外学者已开展了一些植被对气候因子时滞响应的研究，研究表明在不同地区植被对气候因子的响应时段各不相同（李晓兵等，2000；Schmidt et al.，2000；Roerink et al.，2003；张学霞等，2005；李霞等，2007）。植被对气候的这种滞后效应非常复杂（Ji et al.，2003），也是区分土地退化进程中气候变化和人类活动作用的难点之一。

第二，从世界范围来看，荒漠化潜在发生区主要位于热带和亚热带，降水是决定气候水热平衡从而影响植被活动的主要因素。中国荒漠化潜在发生区由于青藏高原对气候的控制作用而主要位于温带地区。相关研究表明，温带地区的植被活动与气温年际变化有密切关系（李晓兵等，2000；Zhou et al.，2001；龚道溢等，2002）。全球变化背景下，气温变化主要表现为变暖，这对植被活动的影响可能具有双重效应。一方面，气温升高可能有利于生长季的延长而使植被活动增强（方精云，2003）；另一方面，气温升高将增大蒸散发，加剧土壤缺水程度和土壤干层的发育，导致植被退化和土地退化发展（信忠保，2007）。降水以外的气候因子尤其是气温对中国土地退化的影响还是一个没有被很好回答的问题。然而，要监测和评价人类活动对土地退化及其逆转的作用性质和程度，就必要必须顾及这一影响。

第三，利用植被指数和气候数据进行人类活动导致的土地退化监测，其有效性是建立在气候对植被的控制性作用的基础上（Prince et al.，2002）。由于地表过程的空间复杂性，植被并不一定直接受制于区域气候特征，如水域一般没有植被，城镇、工矿、交通占用土地、灌溉农业区等的植被主要受人类活动的直接控制，而地表水或地下水汇集和流经区域的植被则更多地受到更大时空尺度上气候变化或人类活动的间接影响。此类区域可称之为“非地带性区域”。非地带性区域土地退化过程中气候变化和人类活动作用的区分不是植被指数和气候数据所能简单反映的，至少需要翔实的土地利用和水文数据以及相应模拟模型的支持。对于较为复杂的异质性地理区域而言，识别非地带性区域并将其排除在监测之外，是利用植被指数和气候数据进行人类活动导致的土地退化监测的一个必要前提和现实选择。现有研究一般选择了地表过程相对均质的区域或者单一土地类型的土地退化（如非洲萨赫勒地区的草地退化）以回避了这一问题（Boer et al.，2003）。显然，当前的土地利用、土地覆盖分类体系并不是为这一目的而设计，也就不能为此提供准确信息。因此，识别“地带性区域”和“非地带性区域”应当从分析植被与气候时空变异关系的角度出发来实现。

第四，现有的 RUE 法、RES 法及其改进模型除了前文中已经提及的缺陷之外，还共同面临着一个自身难以克服的困难：即无法顾及降水或者降水和气温以外环境变量的年际变化（如大气 CO_2 浓度升高）对植被生长的可能影响（Verón et al.，2006），也无法考虑直接影响 VI 取值的其他环境和仪器因素（如平流层气溶胶厚度、遥感传感器退化和换代）(Zhou et al.，2003)，尽管在一定程度上这些因素的影响可通过遥感数据的校正处理得以事先改善。但究其原因，在于上述方法在分析植被指数与气候因子之间的关系时，着重了时间上的变异，而忽略了空间上的分布特征（Anyamba & Tueker，2005）。这一方面是因为植被-气候空间关系较之时间关系有更多的干扰因素；另一方面也反映出了学者们对如何确定土地退化评价“基准”这一基本理论问题的忽视。理论上的“基准”是存在的，但实际应用中“基准”却很难确定。相对的“基准”大体有两种，一是以研究区域中保存最完好的、认为是未退化的地方作为“基准”进行横向比较；二是以某一历史时段的状态为“基准”进行纵向比较（丁国栋等，2004)。RUE 法、RES 法本质上都是将研究年份内的平均状态作为退化“基准”，属于时间上的“纵向基准”，它们所表现出来的不可靠性与其“基准”不无联系。能否获得来自空间上的可靠的“横向基准”是“荒漠化/土地退化”评价和监测的一个关键问题。

综上所述可以看出，如何结合研究区地域特征，加强植被与气候空间变异关系的研究，进行时空信息的综合分析，是基于植被指数和气候数据的土地退化监测中一个值得深入探讨的课题。

2.5　研究目标、内容和技术路线

2.5.1　研究目标

以陕北榆林市为例，GIS 为技术平台，SPOT VGT NDVI（1998—2006)、NOAA AVHRR NDVI（1982—2003）和气象站点观测记录（月降水量、月平均气温）为基本数据源，在进行 NDVI 时间序列平滑和气候数据空间化处理的基础上：分析植被时空动态格局及其与主要气候因子的关系；利用植被-气候空间相关关系识别地带性区域；针对地带性区域，提取潜在 NDVI，并将其作为土地退化监测的基准，从而发展一种适用于典型温带地区的、基于植被指数和气候数据进行人类活动导致的土地退化监测的新方法。

2.5.2 研究内容及其组织

结合数据特点和研究区特征，选择适当方法，进行数据预处理，主要包括：NDVI 旬值序列的平滑；气象站点降水和气温观测记录的空间内插。针对研究目标，主要进行以下四个方面的研究：

① 以相关分析和回归分析为数学工具，分析近 20 多年来研究区内植被活动的年际变异特征以及与主要气候因子（降水和气温）的关系，重点讨论植被响应降水和气温的滞后问题。

② 以相关分析和回归分析为数学工具，分析研究区内植被覆盖的空间格局特征以及

与主要气候因子（降水、气温和干燥指数）的关系，进而定义一个植被活动的气候适宜性指数（CSI）用于代替干燥指数。

③ 提出类型变量空间相关关系的一种计算方法，并在对 NDVI 和气候数据（CSI）进行类型化处理的基础上，用该法识别研究区内的地带性区域，并分析识别结果的可靠性。

④ 针对识别出的地带性区域，逐年提取特定气候条件（CSI）下的潜在 NDVI 作为土地退化监测的基准，对比实际 NDVI 与潜在 NDVI 获得逐年的土地条件年度指数（LCAI），用 LCAI 的多年变化趋势——土地退化动态指数（LDDI）来监测人类活动导致的土地退化。

具体内容的组织如图 2-2 所示。

第 1 章：土地退化及其评价概述。

第 2 章：研究背景与技术方案。

第 3 章：研究区概况、数据来源和预处理。

第 4 章：NDVI 与气候因子的年际变异及其关系。

第 5 章：NDVI 与气候因子的空间格局及其关系。

第 6 章：利用 NDVI-气候因子空间相关关系识别地带性区域。

第 7 章：潜在 NDVI 及其在荒漠化评价和监测中的应用。

第 8 章：结论和展望。

2.5.3 技术路线

本研究的技术路线如图 2-2 所示。使用的软件工具主要有 ArcGIS8.3、ENVI4.2、SPSS13.0 和 EXCEL2003 等。

2.6 小结

本章重点讨论了基于植被指数和气候数据时间序列的土地退化监测研究进展，包括：数据源的发展；单纯利用植被指数的土地退化监测；植被指数和气候数据相结合的土地退化监测。

对研究进展进行评述，引出了重点研究的四个问题：

① 植被响应气候变化的时滞效应。

② 气温对中国土地退化的影响。

③ “地带性区域”和“非地带性区域”的识别。

④ 土地退化评价“基准”的确定。

针对上述四个问题，提出了本研究的总体目标、主要内容和技术路线。

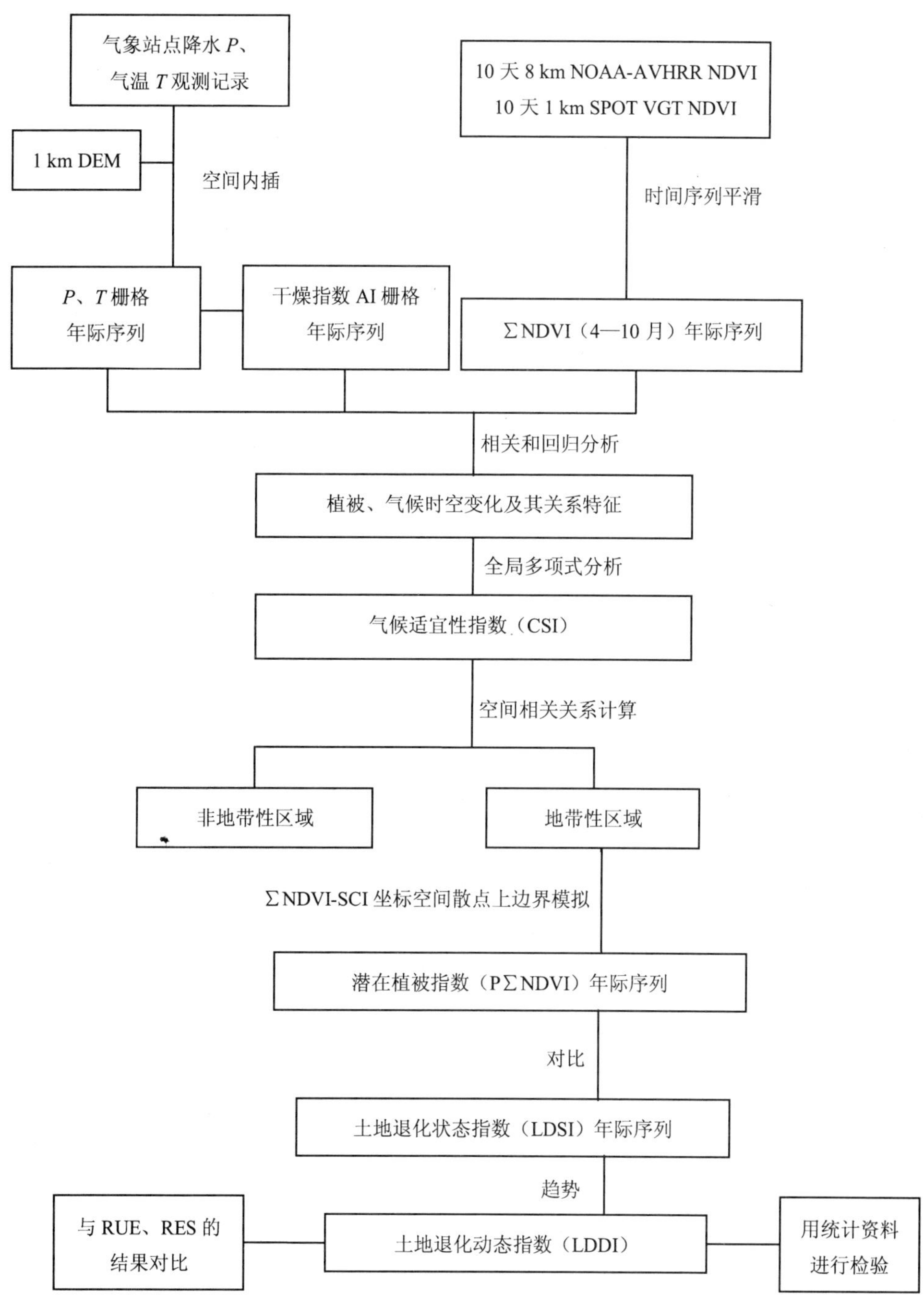

图 2-2　本研究技术路线示意图

第 3 章　研究区概况、数据来源和预处理

3.1　研究区概况

3.1.1　中国荒漠化/土地退化潜在发生范围

《联合国防治荒漠化公约》对荒漠化的内涵和发生范围等作出了具体规定，为荒漠化研究和防治建立了一个共同的认识基础。慈龙骏等（1997）根据《公约》中的定义，采用 Thornthwaite 计算可能蒸散量的方法，利用 1981—1990 年的气象数据，首次确定了中国荒漠化的潜在发生范围，该范围近年来一直被作为我国荒漠化监测的基础。

但是，由于对荒漠化定义的认识和计算方法等方面的原因，慈龙骏等的研究结果也存在一些不足，在实际应用时带来一些问题（张煜星，1998；孙司衡，2000；周晓东等，2002）。为了更加客观地反映中国荒漠化发生区域，吴波等（2007）利用 1950—1990 年全国 671 个气象站的长时间序列气象数据，分别采用 Thornthwaite 和 Penman 计算可能蒸散量的方法计算了湿润指数的分布，然后根据中国气候区划和中国植被区划以及中国荒漠化发生的特点等对计算结果进行了调整，对中国荒漠化潜在发生范围进行了修订，明确了荒漠化各气候类型区的地理含义。修订后中国荒漠化潜在发生范围总面积约为 4 524 089 km^2，比修订前增加 1 207 057 km^2，约占国土总面积的 47.11%，其中亚湿润干旱区、半干旱区、干旱区和极干旱区分别占 12.16%、28.18%、34.14%和 24.52%。

3.1.2　研究区概况

本研究选定的研究区域是位于中国荒漠化潜在发生范围南部的陕西榆林市（图 3-1）。榆林市位于陕西省最北部，地处陕、甘、宁、蒙、晋 5 省（区）接壤地带，北临内蒙古自治区，西接宁夏回族自治区和甘肃省，东隔黄河与山西省相望，南接陕西省延安市。地理纬度 36°57′～39°34′N，经度 107°28′～111°15′E，东西长 309 km，南北宽 273 km，海拔 1 000～1 500 m，地势由西北向东南倾斜。地处毛乌素沙漠与陕北黄土高原的过渡地带，包括南部黄土丘陵沟壑区和北部风沙草滩区两部分，气候为温带干旱、半干旱大

陆性季风气候，年均降水量 300～500 mm，降水年际变化大且雨量分配不均匀，多集中在 7—9 月，平均气温 7.9～11.3℃，日照时数达 2 740～2 962 h，全年蒸发量 2 000～2 500 mm，是降雨量的 4～5 倍，无霜期 134～169 d。植被从东南向西北由森林草原向干草原、荒漠草原过渡。

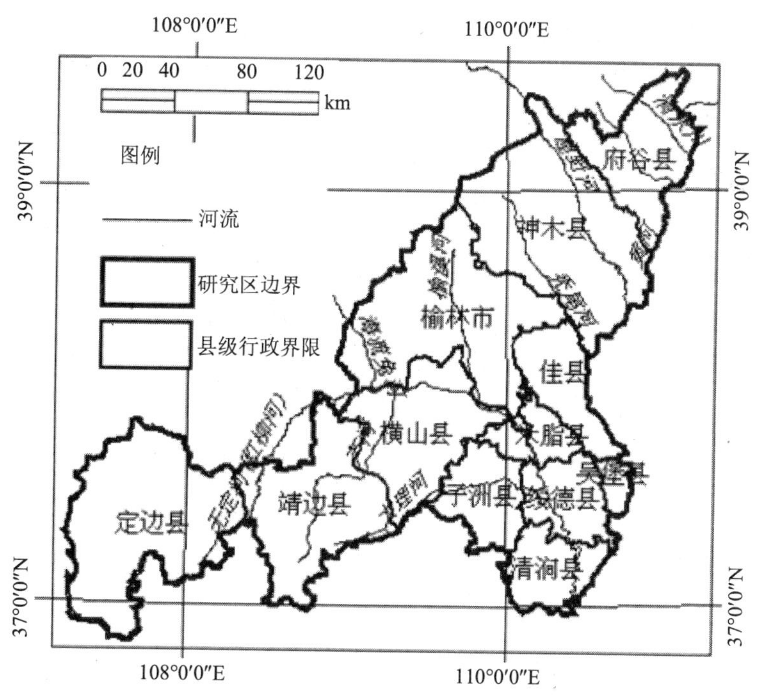

图 3-1 研究区位置和范围

全市辖 1 区（榆阳）、11 县（神木、府谷、定边、靖边、横山、绥德、米脂、佳县、清涧、吴堡和子洲）、262 个乡镇，总面积 4.3×10^4 km^2，约占该省总面积 21%，总人口 317 万人。其中农业人口 281 万，平均人口密度为 74 人/km^2。由于自然条件恶劣，加之历史上战乱、吞并戍边和垦殖，特别是近年来随着人口的持续增长，煤炭等矿产资源开发力度加大以及不合理的土地利用、乱砍滥伐，大量植被和草原遭到破坏，地表切割破碎，冲、切沟发育，全区风蚀沙化和水土流失非常严重，生态环境极其脆弱，目前已成为我国北方土地退化最严重和最典型的地区之一（刘彦随等，2002）。研究区地形和土地利用概况分别如图 3-2 和附录图 1 所示。

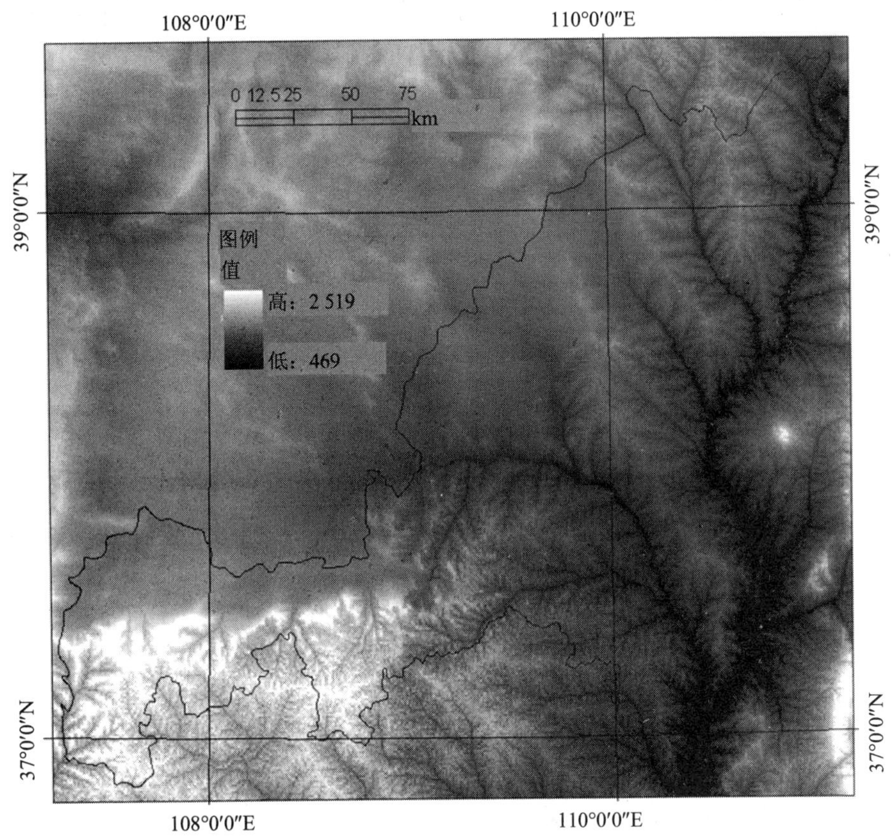

图 3-2 研究区 DEM

3.2 数据来源和预处理

本研究的基本数据源包括 NDVI 和气象站点观测记录多年时间序列。另外还使用了数字高程模型（DEM）和土地利用/覆盖分类数据。

DEM（图 3-2）从 GTOPO 30 切割而来。GTOPO 30 由美国国家地质调查局地球资源观察系统数据中心（USGS-EDC）与多家机构合作于 1996 年完成，整个数据集生产时间将近 3 年。GTOPO 30 水平方向空间分辨率约 30 s（30arc，约 1 km），来源于多种栅格和矢量地形数据。质量根据不同数据源差别较大，其总体数据质量控制为 90%置信水平上精度±16 m。该数据主要用于气候数据的空间插值。

2000 年 1 km 土地利用/覆盖栅格数据（附录图 1）来源于中国科学院地理科学与资源研究所。

DEM 和气象站点包括了研究区周边部分，NDVI、土地利用/覆盖栅格数据以及内插生成的气候栅格数据等直接用研究区边界多边形进行裁切。所有空间数据均在 ARCGIS

软件中转换为统一的地理坐标系（GCS_WGS_1984），输出地图采用 Albers 等积投影，其参数如下：

Projection：Albers

False_Easting：0.000000

False_Northing：0.000000

Central_Meridian：109.000000

Standard_Parallel_1：37.000000

Standard_Parallel_2：39.000000

Latitude_Of_Origin：0.000000

3.2.1　NDVI 及其时间序列平滑

（1）NDVI 数据集的选择

常用于植被监测的卫星传感器包括 NOAA/AVHRR、SPOT VGT、MODIS、TM、ETM+、ASTER、SPOT4/SPOT5 和 IKONOS 等。不同传感器波段波长范围存在较大差别。前 3 种传感器获得的影像空间分辨率都比较低，但重复周期都可以达到 1 天，而且可以免费接收或申请获得；后 6 种传感器均搭载在商业卫星上，空间分辨率高，时间分辨率低，数据需要购买。因此，前 3 种遥感数据被普遍用来研究区域（甚至洲际或全球）尺度的植被覆盖监测，后 6 种资料则常用以研究小尺度的土地利用和土地覆盖的分类和动态变化。

在时间系列长度上，Landsat 从 1972 年 7 月发射第一颗卫星到现在的 Landsat7 一直在接收和发布高分辨率数据，AVHRR 从 1980 年开始被处理和使用，SPOT VGT 从 1998 年开始提供完成预处理的数据，MODIS 从 2000 年开始接收数据。由于同时具有时间系列长、周期短、覆盖范围广、成本低、波段宽等优势，AVHRR 数据是目前最常用的进行长时间系列植被年际变化研究的数据源；MODIS 则是中尺度遥感的一个重要里程碑，大大提高了人类对地表覆盖观测的能力，将在今后的科学和生产中发挥重要作用（马明国等，2006）。

VGT 传感器为全球尺度的环境监测提供了一种新型的、高质量的遥感数据源。由于分发的数据具有高精度的几何校正效果，特别适用于时间序列分析，已经受到很多用户和遥感研究者的积极关注与使用。2000 年 4 月在意大利召开的 VGT 2000 国际会议上，发表了不少利用 SPOT VGT 数据产品得到的研究成果。鉴于 AVHRR 数据质量较 MODIS 和 SPOT VGT 低，有学者指出，如果所研究的问题涉及较高的分辨率或者不需要 1998 年以前的信息，那么 SPOT VGT 和 MODIS 是首先考虑使用的数据源。MODIS 的光谱范围更为精细，其 NDVI 有多种空间分辨率，同时还有 EVI 数据集和其他辅助信息，应用潜力非常大，但它所累计的时间序列较短。

为尽可能地掌握研究区多年来的植被覆盖和土地退化情况，本研究选择使用了

GIMMS 和 SPOT VEGETATION（SPOT VGT）两种数据集的 NDVI 数据。GIMMS 数据为美国航空航天局（NASA）全球监测与模型研究组（Global Inventor Modeling and Mapping Studies，GIMMS）发布的半月最大值合成（Maximum Value Composites，MVC）数据，空间分辨率是 8 km，时间是 1982 年 1 月—2003 年 12 月。SPOT VGT 数据为比利时佛莱芒技术研究所（Flemish Institute for Technological Research，Vito）发布的 10 日最大值合成数据，空间分辨率约 1 km，时间是 1998 年 4 月—2006 年 10 月。由国家自然科学基金委员会“中国西部环境与生态科学数据中心”提供（也可从 ftp.glcf.umiacs.umd.edu 和 http://free.vgt.vito.be 免费下载）。两种数据集的 NDVI 数据都已经过几何精纠正、辐射校正、大气校正等预处理，且都已采用国际上通用的 MVC 进一步减小云、大气、太阳高度角等的影响。此外，GIMMS 数据利用经验模式分解（EMD）减少了由于卫星轨道漂移所产生的噪音，并利用交叉辐射定标的方法，增强了数据的精度（Zhou et al.，003）。

SPOT VGT 将−1 到−0.1 的值设置为−0.1，再通过公式 DN =（NDVI+0.1）/ 0.004 转换到 0～250 的 DN 值。GIMMS 的 DN 值则是 NDVI×1 000 所得。因此，使用前需要按照相应的公式将其转换为原始的 NDVI。

（2）NDVI 时间序列平滑

虽然现有的 NDVI 时间序列都已经过校正和合成处理，但是明显的偏差仍然存在，因此，一些学者提出了很多用于降低噪声水平的有效方法，例如，最佳指数斜率提取法（BISE）法（Viovy et al.，1992）、改进的 BISE 滤波法（Lovell and Graetz，2001）、傅立叶变换法（Verhoef et al.，1996；Roerink et al.，2000）、加权最小二乘法（Swets et al.，1999）、非对成高斯函数拟合法（Jonsson and Eklundh，2002），Savitzky-Golay 滤波法（Chen et al.，2004）等，这些方法各有优缺点（Jonsson and Eklundh，2002；Chen et al.，2004）。NDVI 时间序列平滑重建的实质就是降低序列本身的噪声水平，产生高质量的数据集。各种重建方法都基于以下两个前提假设：① NDVI 的时序变化对应于植被的生长过程；② 在 NDVI 时序数据中出现的陡升或陡降被认为是与植物生长过程不一致的噪声干扰（顾娟等，2006）。

本研究使用了 Ma 等（2006）提出的平均值迭代滤波法（中值迭代滤波法），对 NDVI 时间序列数据进行了重建。该法简单而有效，在中国西部的研究中取得了良好的效果。由于完全使用中值滤波器，势必会遗漏有用的最大植被指数信息，因此该法的关键在于阈值的设置，Ma 等（2006）的试验表明取多年平均值的 10%比较适宜。

（3）植被生产力的 NDVI 表达

本研究是在年际尺度上对荒漠化的重要表征——植被动态进行分析，需要在上述经平滑重建处理的 NDVI 旬值时间序列基础上产生代表年度植被生产力或者植被覆盖的参量。学者们在不同研究中使用了多种形式的 NDVI 参量，如年内最大值、年内累加值、生长季累加值等。一般认为，这些参量具有很强的线性相关关系（Evans et al.，2004），使用时对这些参量的选择似乎取决于研究的方便和研究人员的偏好。研究区整体生长季节为当年4—10月，11月—来年3月为非生长季。将生长季共计14个双周（AVHRR）或21旬（VGT）的NDVI进行累加（下文中记为ΣNDVI）用以反映每年的植被生产力。

3.2.2　气候数据及其空间内插

原始气候数据集为1981—2006年研究区及周边地区14个国家标准气象台站的位置信息（纬度、经度和高程）、月降水量和月平均气温，来源于中国气象科学数据共享服务网。图3-3为研究区气象站点分布图。

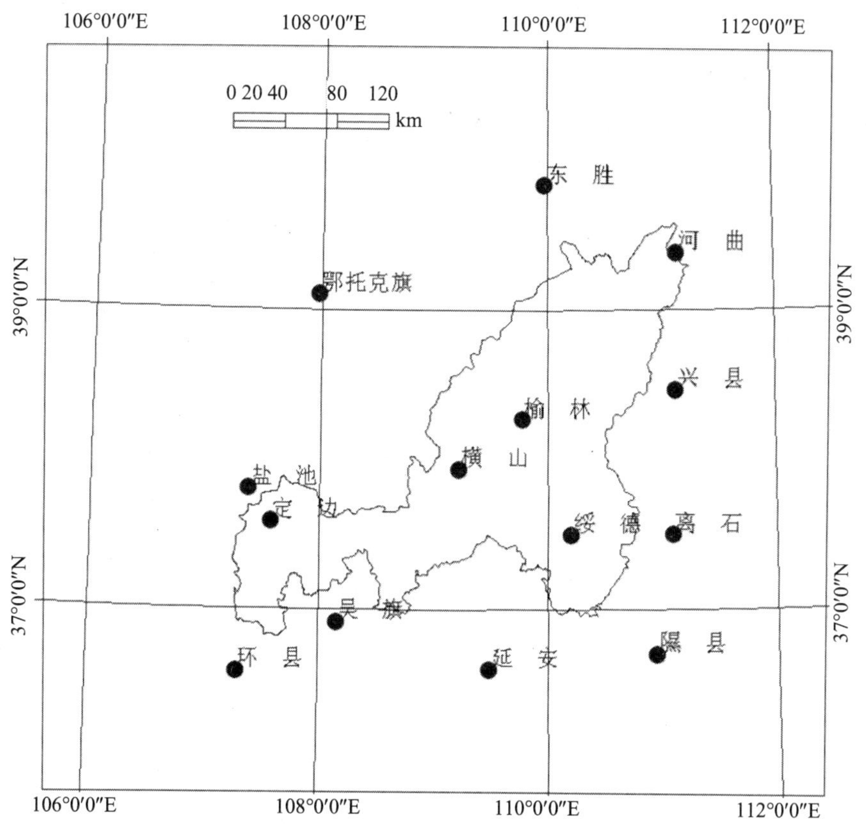

图3-3　研究区及周边地区气象站点分布

在与遥感数据匹配进行以像元为基本单位的荒漠化监测研究时，需要借助空间插值技术将站点观测的气候数据内插为相应空间分辨率的格网数据，内插精度将对监测结果产生显著影响。

空间内插方法众多。Vicente Serrano（2003）把空间内插方法分为四类：全局插值（趋势面、回归模型等）、局部插值（Thiessen多边形、反距离加权、样条函数等）、地统计方法（简单kriging、普通kriging、块kriging、方向kriging、通用kriging和协同kriging

等）和混合方法（全局、局部和地统计方法的组合）。

空间内插没有普遍适用的最佳方法（李新，2000）。主要内插模型的对比研究表明（朱会义，2004；Vicente-Serrano，2003），只有针对具体地理环境特征和插值要素特征，对样本数据进行空间变异性与相关性分析，才能设计或选择适当的内插方法。多种方法的组合似乎往往有助于提高空间内插的精度。如 Vicente-Serrano（2005）在多元回归分析内插的基础上，进一步使用样条函数法对其残差进行内插，实现降水和气温的空间内插。另外，李新（2005）将气温看作结构化分量和随机分量两部分，在使用直减率把气温订正到同一海拔高度后，再做 Kriging 插值；Ashcroft（2006）则考虑到风对气温在空间上的同化作用，在使用多元回归插值实现气温内插之前，对自变量（如海拔、太阳辐射）进行一定空间滤波处理。两者可谓顾及插值要素自身特征的空间内插提供了典范，但仅局限于气温要素，针对另一重要气候因子——降水的类似插值方法（如顾及地形降水效应）尚不多见。

从原始气象站点观测记录数据源中整理出每个生长季（当年 4—10 月）和非生长季（11 月—来年 3 月）降水量和平均气温，然后逐个进行空间内插。空间内插在 ARCGIS 的空间分析扩展模块中完成。降水的内插选择了结合 DEM 的 Cokriging 方法，变异函数分别选择的是圆形（Circular）模型；气温的内插则是先使用气温垂直递减率（0.6℃/100 m）将站点记录归算到海平面，然后选择反距离加权法（IDW）进行插值，最后再将插值结果反算到实际海拔高度。内插的空间分辨率与 VGT NDVI 保持一致（约 1 km^2），其中 1981—2003 年数据的内插结果在需要时再聚合为与 AVHRR NDVI 一致的空间分辨率（约 8 km^2）。

插值精度的评估有两种方法。一种方法是将已知点分成两部分样本，即训练集和测试集，训练集用于插值，测试集用于误差分析。如果已知点的数目太少，则这种样本分离的方法不适用（Chang et al.，2000）。另一种方法是交叉验证（Cross-validation），交叉验证分析重复从已知数据集中删除一个已知点的过程，用剩下的已知点估算被删除点的数值，并计算估算值与已知值的误差。

由于收集到的研究区气象站点数目很少（14 个站点中位于研究区边界之内的只有 4 个，即榆林、横山、绥德和定边），因此不再区分训练集和测试集，而使用交叉验证分析。表 3-1 为 14 个站点降水、气温空间插值交叉验证的统计结果，相对误差一般不超过 15%，精度基本可以满足后续研究的需要。

表 3-1 14 个站点降水、气温空间插值交叉验证的统计结果

	误差均值（MEAN）	误差均方根（RMS）
4—10 月降水	−0.41	66.82
11 月—来年 3 月降水	−0.21	9.76
4—10 月气温	0.07	2.35
11 月—来年 3 月气温	0.18	1.03

注：表中统计结果为 1981—2006 年数据。

3.3 小结

由于概念的不确定性、数据源的差异以及潜在蒸散发计算方法的不同，中国荒漠化潜在发生范围尚有争议，且将随全球变化而有一定的变化。本研究选定的研究区——陕西榆林市位于中国荒漠化潜在发生范围南部。

榆林市地处毛乌素沙漠与陕北黄土高原的过渡地带，包括南部黄土丘陵沟壑区和北部风沙草滩区两部分，气候为温带干旱、半干旱大陆性季风气候，植被从东南向西北由森林草原向干草原、荒漠草原过渡。全区风蚀沙化和水土流失非常严重，生态环境极其脆弱，目前已成为我国北方土地退化最严重和最典型的地区之一。

长时间序列 NDVI 和气象站点观测数据是本研究主要数据源。虽然现有的 NDVI 时间序列都已经过校正和合成处理，但是明显的偏差仍然存在，因此使用成熟的算法对 NDVI 时间序列数据进行重建很有必要。之后，将研究区整体生长季共计 14 个双周（AVHRR）或 21 旬（VGT）的 NDVI 进行累加用以反映每年度的植被生产力（记为 ΣNDVI）。

借助 GIS 空间插值技术将站点观测的气候数据内插为与 NDVI 相同空间分辨率的格网数据，内插精度将对后续研究产生显著影响。从原始气象站点观测记录数据源中整理出每个生长季（当年 4—10 月）和非生长季（11 月—来年 3 月）降水量和平均气温，然后逐个进行了空间内插，内插精度基本可以满足后续研究的需要。

第 4 章　NDVI 与气候因子的年际变异及其关系

4.1　引言

植被-气候相互关系的研究是植物学、生态学、地理学以及气候学上的老问题和新主题，从过去的定性研究，到现代的定量分析，这种研究一直没有中断过。如早期的 Koppen 气候分类（Koppen，1920）、Thornthwaite 的基于水平衡的植被气候分类（Thornthwaite，1948）、Holdridge 的生命地带分类系统（Holdridge，1947）、Kira 的生态气候分类（Kira，1945）以及 Budyko 的基于蒸散发过程的分类系统（Budyko，1974），近 20 年来建立起来的面向全球气候变化研究的生物地理模型 BIOME1（Prentice et al.，1992）、生物地球化学模型 BIOME 3（Haxeltine et al.，1996）及其动态发展 LPJ-DGVM（Sitch et al.，2000）。所有这些研究均表明气候制约着植被的地理分布，植被是区域气候特征的反映和指示，两者之间存在密不可分的联系（Fang et al.，2002）。

随着高时间分辨率卫星遥感数据的不断丰富和全球变化及陆地生态系统响应问题的驱动，利用遥感植被参数和气候数据进行植被与气候时空变异关系的研究在国内外广泛展开。整体来讲，用于代理植被生产力的 NDVI 特征参数（如年内最大值、年内累加值、生长季累加值等）与某些气候因子的时间和空间变异之间存在一定程度的相关关系（如 Wang et al.，2007；孙艳玲，2007；Gong，2003；香宝，2002；Kaufmann，2003；Fang et al.，2001；Ichii et al.，2002；Kawabata et al.，2001；徐兴奎等，2001；信忠保等，2007；Piao et al.，2004）。归纳起来，这些研究有以下几个特征：从时间变异角度出发的研究要比空间角度的研究多；气候因子选择直接测定因子如降水、气温的研究，要比选择间接测定因子如干燥指数和温暖指数的研究多；使用一般相关分析的研究要比使用偏相关分析和复相关分析的研究多；不考虑植被滞后于气候的研究要比考虑滞后的研究多。

20 世纪 90 年代以来，国内在 NDVI 和气候因子的相互关系方面进行了很多研究，但所得结论并不完全一致，个别观点甚至相反。张井勇等（2003）认为前期 NDVI 与后期降水存在滞后正相关关系，相关程度存在区域差异。李本纲等（2001）的研究也表明在全国范围内 NDVI 与气温和降水相关显著。孙睿等（2001）的研究则说明 1—5 月降水量与 NDVI 在黄河流域小范围相关显著，大部分区域则不显著相关。高志强等（2000）

认为西北干旱区 NDVI 与降水、温度相关不好。李晓兵等（2001）则认为中国从东南到西北 NDVI 与气候条件相关系数逐渐增加。刘绿柳等（2006）认为黄河流域 NDVI 年较差与年降水、年均温度相关不明显。信忠保等（2007）的研究显示，黄土高原地区植被覆盖和降水关系密切，降水变化是植被覆盖变化的重要原因，气候变暖在加剧土壤干燥化抑制夏季植被生长的同时，提高了春、秋季节植被生长活性，延长了植被生长期。上述研究中的空间范围都比较大，对于榆林市没有针对性。

李登科等（2007）使用 1981—2003 年 23 年长时间序列的 NOAA/AVHRR NDVI 数据、气候资料，分析了陕北长城沿线风沙区植被覆盖的历史演变及其与气候因子的关系，认为：该区植被覆盖状况 23 年来尽管有波动起伏，但是整体在持续转好；年降水量没有明显增加，气温明显升高；降水量与 NDVI 存在着明显的年相关和隔季相关，温度与年平均 NDVI 的年际变化相关不明显；非气候因素，如植树造林、草原围栏封育等是年平均 NDVI 增加的重要原因。李忠峰等（2006）对陕北榆林市的研究也得出了类似的结论。这两项研究均是基于个别气象站点数据进行，由于站点稀少，没有使用内插方法生成空间分布式的气候数据。

本章以中国陕北榆林市为例，以简单相关分析、偏相关和复相关分析以及回归分析为数学工具，ΣNDVI、降水 P 和气温 T 为数据源，分析近 20 多年来研究区内植被活动的年际变异特征以及与主要气候因子（降水和气温）的关系，重点讨论植被响应降水和气温的滞后问题。NDVI 与气候因子空间变异及其关系的研究将于第 5 章展开。

数据的准备工作已在第 2 章中详细介绍，下面主要说明偏相关和复相关分析的原理。

4.2　简单相关、偏相关和复相关分析

相关分析是揭示变量之间相互关系密切程度的常用统计工具，这种密切程度主要通过对相关系数的计算和检验来完成（徐建华，2002）。两变量之间简单相关系数的计算公式如下：

$$r_{xy}=\frac{\sum_{i=1}^{n}\left(x_i-\bar{x}\right)\left(y_i-\bar{y}\right)}{\sqrt{\sum_{i=1}^{n}\left(x_i-\bar{x}\right)^2\left(y_i-\bar{y}\right)^2}} \tag{4-1}$$

式中，r_{xy} 为变量 x 与 y 的简单相关系数；n 为样本数；$\bar{x}$ 为变量 x 的均值；$\bar{y}$ 为变量 y 的均值。

在多变量所构成的复杂系统中，直接使用式（4-1）计算两个变量之间的简单相关关系并不恰当，需要将其他变量的影响视为常数，即暂不考虑其他变量的影响，此时的相关程度统计量称为偏相关系数。式（4-2）为共有 x、y、z 三个变量时，x 与 y 的偏相

关系数（固定变量 z）计算方法：

$$r_{xy\cdot z}=\frac{r_{xy}-r_{xz}r_{yz}}{\sqrt{(1-r_{xz}^2)(1-r_{yz}^2)}} \tag{4-2}$$

偏相关系数的显著性检验，一般采用 t 检验法，其统计量计算公式为：

$$t=\frac{r_{xy\cdot z}}{\sqrt{1-r^2_{xy\cdot z}}}\sqrt{n-m-1} \tag{4-3}$$

式中，m 为自变量个数，这里为 2。

研究几个变量与某一个变量间的相关关系时，使用复相关分析，式（4-4）为共有 x、y、z 三个变量时，x 与 y、z 的复相关系数计算方法：

$$r_{x\cdot yz}=\sqrt{1-(1-r_{xy}^2)(1-r_{xz\cdot y}^2)} \tag{4-4}$$

复相关系数的显著性检验，一般采用 F 检验法，其统计量计算公式为：

$$F=\frac{r_{x\cdot yz}^2}{1-r_{x\cdot yz}^2}\cdot\frac{n-k-1}{k} \tag{4-5}$$

式中，k 为自变量个数，这里为 2。

4.3 NDVI 与气候因子的年际变异及其关系

4.3.1 NDVI 与气候因子的年际变异

（1）NDVI 年际变异

图 4-1 为 AVHRR 和 VGT 两种 ΣNDVI 年际变异的趋势。可以看出，研究时段内榆林市 ΣNDVI 表现为微弱的增强（R^2=0.109，n=23，P=0.13），这与其他学者在本区以及更大空间尺度上得出的植被活动明显增强的研究结论不完全相同（李登科等，2007；李忠峰等，2006；Bai et al.，2005；Myneni ea al.，2003；方精云等，2003；信忠保等，2007）。

榆林市 ΣNDVI 的变化具体可分为三个阶段：1982—1988 年的逐步增强；1988—1998 年的相对稳定；1998—2006 年的相对不稳定期。整体来讲，ΣNDVI 虽有增强，但并不显著，且渐趋较大的波动。

ΣNDVI 趋势性变化（增强）的微弱性和年际波动的逐渐增大是本区植被活动对全球变化响应的特点之一，这也可能是我国干旱、半干旱区 20 世纪 80 年代以来植被活动的共同特征，其形成机制以及对荒漠化/土地退化的影响尚不十分清楚，应当引起相关研究人员的重视。

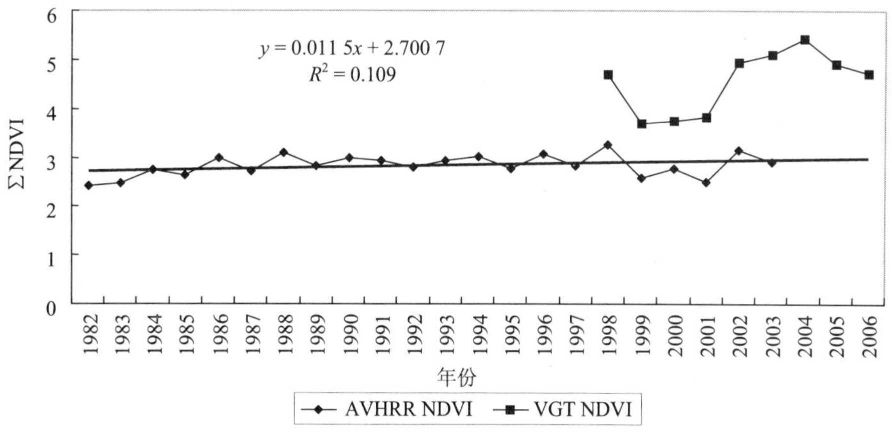

图 4-1　1982—2006 年∑NDVI 年际变异趋势

若以 NDVI=0.1 来划分植被区和非植被区，则从 AVHRR 的 8 km 尺度看，1982—2003 年间研究区像元均有植被覆盖；从 VGT 的 1 km 尺度看，1998—2006 年间仅在研究区西部和北部边界有极少的无植被覆盖区（即北部边界的红碱淖，占榆林市总面积不到 0.1%），且没有明显年际变化。因此，下文的分析忽略无植被区的存在。

从 1998—2003 年的数据来看，AVHRR 和 VGT 两种数据的整体趋势比较吻合，但也有相当的不一致，如 2000 年 VGT 较之 AVHRR 相对明显偏低，而 2003 年却相对明显偏高，这可能是 NDVI 数据的空间分辨率不同所致，也可能是数据本身的质量问题。虽然全球已经发布大量可利用的数据集，但普遍存在不完全预处理的问题，而且不同数据集的预处理方法不尽相同，导致各数据集之间可比性差。加强数据集建设仍然是目前植被动态监测的重要基础性工作之一（马明国等，2006）。

（2）气候因子年际变异

图 4-2 为 1982—2006 年 4—10 月主要气候因子年际变异趋势。20 世纪 80 年代以来，榆林市气候年际变异的特征表现为：气温显著升高（R^2=0.464 5，n=25，P＜0.001），由线性拟合方程推算，温度上升速率达 0.617℃/（10a）；降水量没有明显的趋势性变化（R^2=0.027 6，n=25，P＜0.427）；90 年代后期以来，降水量和气温的年际波动更加明显（这可能是前文中所描述的∑NDVI 变化第三阶段——相对不稳定期形成的重要原因）。

另外，降水量和气温之间有比较紧密的负相关（R^2=0.121，n=25，P＜0.089），其直观的解释是降水偏多则蒸发潜热高，从而有利于降低气温，这意味着在进行植被与降水、气温，尤其是与气温之间关系分析时需要考虑降水量的干扰，即适宜采用偏相关分析而不宜采用简单相关分析（见 4.2 节）。

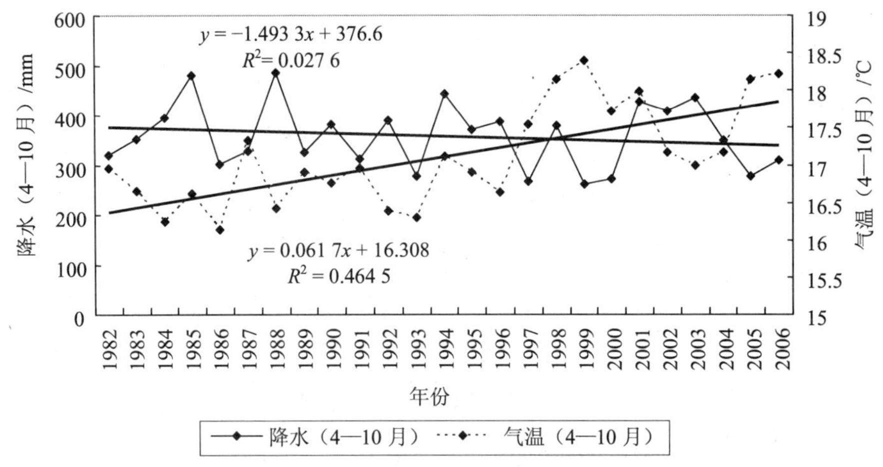

图 4-2　1982—2006 年（4—10 月）气候因子年际变异趋势

4.3.2　NDVI 与气候因子的年际变异关系

根据 4.3.1 的分析显示，研究区在气温明显升高而降水量没有显著趋势性变化的背景下，植被活动略有增强或者变化不明显。然而这并不一定说明本区植被年际变异对降水和气温不敏感。

表 4-1 为 1982—2003 年 AVHRR ΣNDVI 与主要气候因子（降水、气温）年际变异的相关系数统计值，其中 GS、NGS、PGS 分别代表生长季、前一个非生长季和前一个生长季。可以看出，无论是简单相关，还是偏相关或者复相关，在不考虑滞后时，两个气候因子及其组合都不能很好地解释 ΣNDVI 的年际变异（表中第二行）；在加入了前一个非生长季的气候影响时，降水及降水与气温组合的解释能力略有提高（表中第三行）；在综合考虑当年生长季、前一个非生长季和前一个生长季的气候影响时，降水量对 ΣNDVI 的解释能力最强，且通过 $p<0.1$ 的置信度检验（表中第四行）；两年以上降水量的解释能力又大大降低。另外，气温与 ΣNDVI 年际变化的相关系数不仅没有通过 $p<0.1$ 的置信度检验，而且 $r_{NT \cdot P}$ 总是比 r_{NT} 的绝对值要小，置信度也更低，这是由于降水和气温之间存在一定的负相关所致，因此，在植被与气温年际变异关系分析中，偏相关关系较之简单相关关系更为可信而适用。

总之，从年际变化看，本区降水比温度对植被的影响强烈，且前者的影响存在大约一年时间的滞后现象。上述结论对学术界当前存在的一个争议有一定的积极意义，即在时间尺度上，降水年际变异是否显著影响植被生产力（Knapp et al.，2001；Fang et al.，2001；胡中民等，2006；蔡学彩等，2005）。

表 4-1 1982—2003 年 AVHRR ΣNDVI 与气候因子年际变异的简单相关、偏相关和复相关

	r_{NP}	r_{NT}	$r_{NT \cdot P}$	$r_{N \cdot PT}$
GS	0.228	−0.354	−0.308	0.377
	0.320	**0.116**	**0.186**	**0.252**
NGS、GS	0.317	−0.296	−0.233	0.384
	0.115	**0.229**	**0.563**	**0.244**
PGS、NGS、GS	0.391	−0.249	−0.083	0.398
	0.088	**0.290**	**0.737**	**0.231**

注：表中 N 代表ΣNDVI，P、T 代表降水量和气温干燥，黑体数字为置信度。平均气温的计算进行了月份数加权。

降水对植被生产力的影响，一方面体现在降水总量上，另一方面体现在降水的时间或者季节分配上。方精云等（2003）认为，近年来中国夏季降水相对增多而秋季降水相对减少，这种降水季节分配的变化形成更加良好的水热组合，对中国植被活动增强十分有利。为此，计算研究区夏季（6—8 月）降水量，如图 4-3 所示。研究区夏季（6—8 月）降水量在 1982—2006 年并没有明显变化（R^2=0.003 2，n=25，P<0.787），因此，对于研究区而言，降水季节分配的变化对植被的影响可以忽略。

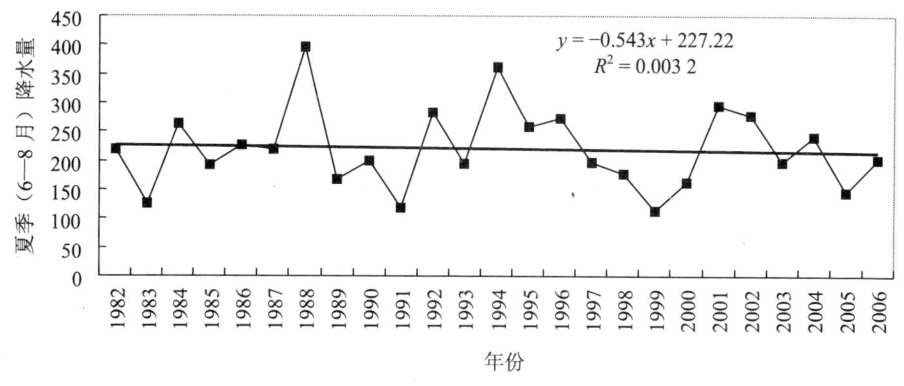

图 4-3 1982—2006 年夏季（6—8 月）降水量

从气温的角度考虑，一方面，学者们认为全球变暖造成植被生长季节延长（春季提前和秋季推迟）和生长加速（Zhou et al.，2003；Nemani et al.，2003；Myneni et al.，2003；Yu et al.，2003）；另一方面，对于干旱半干旱区，温度上升加速了地表蒸散发过程，加剧了土壤水分的缺乏，对植被生长可能具有抑制作用（信忠保等，2007）。因此，估计气温升高对植被的正负面影响是全球变化背景下陆地生态系统响应的一个关键问题，在此针对研究区数据对该问题做一初步探讨。

第一，本章 4.3.2 节的分析表明降水量对ΣNDVI 的年际波动影响明显，且存在约一年的滞后效应，因此以 GS、NGS、PGS 的降水总量为自变量对当年 AVHRR ΣNDVI 做一元线性回归预测，得ΣNDVI 残差。

第二，对气温（4—10 月）数据进行多年平滑，以消除气温自身的波动以及降水多少对气温的调节作用，从而反映气温的逐年升高趋势。试验表明，三年即可达到平滑效果。

第三，将平滑后的气温数据与ΣNDVI 残差置于同一坐标系（图 4-4），观察其分布特征。显然，二者决定的散点分布有一定规律，在选择了二次函数时，模拟效果较好，决定系数 R^2=0.224 5（n=19，P<0.05）。

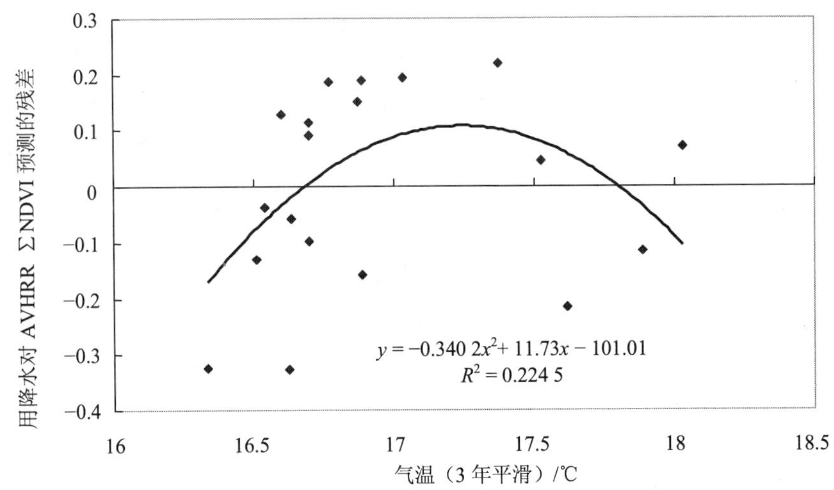

图 4-4　两年降水预测的ΣNDVI 与多年气温之间的关系

由图 4-4 表明，多年的气温升高趋势可能是除降水量以外控制植被活动的重要因素。相对于研究时段中期（20 世纪 90 年代前期）而言，20 世纪 80 年代的增温对植被活动的作用表现为正向，而 90 年代中期以来的增温对植被活动的作用表现为负向，这意味着：全球变暖造成的植被生长季节延长和生长加速现象迅速减弱，而由之引起的土壤水分缺乏对植被的抑制作用则逐渐增强。换句话讲，持续的气温升高对植被活动的促进作用和抑制作用同时并存，但抑制作用有大约 10 年左右的滞后效应。ΣNDVI 响应气温升高的阶段性差异是本区植被活动对全球变化响应的特点之二。正因为如此，土地退化过程中人类活动作用的监测和评价应当顾及全球变暖的影响，才会使结果更为客观、可信。同时，这一结论也初步表明，气温升高的影响必然使 RUE 法、RES 法在研究区乃至中国温带荒漠化范围内的使用受到限制。

然而，相关关系并非因果关系，上述结论只是一个推断，这种阶段性也可能是人类活动作用的结果，因此有必要选择人类干预很少的地区来进行验证。

4.4　小结

本章内容从整体上考察了榆林市近 20 多年来 NDVI 与气候因子的年际变异及其关

系，没有进一步分析这种变异及其关系的空间格局。另外，对 NDVI 响应气候因子的滞后特征也只是在区分生长季和非生长季的情况下，即在大约半年的时间间隔下进行，没有做更小时间间隔下的分析。上述两方面的问题有待于在以后的研究中加强和完善。

20 多年来，榆林市ΣNDVI 与气候因子的年际变异及其关系有以下三个特点：

① 可分为逐步增强、相对稳定和相对不稳定三个阶段。整体来讲，植被活动虽有增强，但并不显著，且渐趋较大的波动。

② 较之气温，降水直接影响植被的年际波动，且存在大约一年时间的滞后现象。降水季节分配的变化不明显，对植被的影响也可以忽略。

③ 持续的气温升高对植被活动的促进作用和抑制作用同时并存，抑制作用有大约 10 年左右的滞后效应。

从分析方法来看，为避免降水多寡对气温高低的调节作用，植被与气温之间关系应当采用偏相关分析。

从世界范围来看，荒漠化潜在发生区主要位于热带和亚热带。一般认为，降水是决定荒漠化潜在发生区水热平衡从而影响植被活动的主要因素。中国荒漠化潜在发生区由于青藏高原对气候的控制作用而主要位于温带地区，气温变化对中国荒漠化/土地退化的影响还是一个没有被很好回答的问题。全球变化背景下，气温变化主要表现为变暖，这对植被活动的影响可能具有双重效应。一方面，气温升高可能有利于生长季的延长而使植被活动增强；另一方面，气温升高将增大蒸散发，加剧土壤缺水程度和土壤干层的发育，导致植被退化和土地退化发展。相关研究表明，温带地区的植被活动与气温年际变化有密切关系，但很少涉及两种正、负向作用的程度比较及其时滞问题。本章研究结果初步表明，研究区气温对植被活动的促进作用和抑制作用同时并存，且分别在前期和后期有更强的表现；气温的对植被活动的作用在比降水更长的时间滞后尺度上进行。监测和评价人类活动对土地退化及其逆转的作用性质和程度，就必须顾及气温变化对植被活动影响的显著性和特殊性。现有的 RUE 法、RES 法对此尚没有很好的解决途径。

第 5 章　NDVI 与气候因子的空间格局及其关系

5.1　引言

第 4 章主要讨论了在生长季和非生长季的时间间隔下研究区 NDVI 与气候因子的时间变异及其关系。本章将在多年平均水平上考察研究区 NDVI 与气候因子的空间格局及其关系。

相对而言，对 NDVI 与气候因子之间空间格局关系的讨论要比对时间变异关系的讨论少得多。Suzuki 等（2006）将 NDVI 地理空间分布转换到气候变量坐标空间（湿润指数-温暖指数二维空间），按其分布规律将全球植被划分为温暖度支配型（wetness dominant）和湿润度支配型（warmth dominant）。Wang 等（2001）利用 1989—1997 年的 AVHHR NDVI 和气象站点的降水和气温观测数据研究了美国 Kansas 州的植被空间格局，认为降水是 NDVI 空间分布的一个强有力的解释变量。Foody（2003）和 Ji 等（2004）分别使用顾及空间自相关的回归模型研究了北部非洲和中东、美国大平原地区 NDVI 与主要气候因子之间的空间格局关系。Vicente-Serrano 等（2005b）以西班牙埃布罗河（Ebro）流域为例讨论了半干旱地区干燥度指数对植被格局的控制作用。

由此可以看出，降水、气温两个直接气候测定因子的组合和另一个间接气候测定因子——干燥指数对植被空间格局的定量解释能力是一个焦点问题，对于荒漠化/土地退化易于发生的干旱、半干旱区而言尤为重要。该问题看似简单，实则不然，从早期众多的植被气候分类系统模式中可窥一斑。近年来，遥感和 GIS 的发展为之提供了可靠的定量手段，然而日益增多的 NDVI 与气候关系研究却集中于时间序列分析，在很大程度上忽略了空间格局方面。

本章以中国陕北榆林市为例，相关分析和回归分析为数学工具，在定性分析榆林市 ΣNDVI、降水、气温和干燥指数空间格局的基础上，借鉴 Suzuki 等（2006）的空间变换方法，考察该区 NDVI 空间分布与降水、气温之间的定量关系，进而定义了一个基于降水和气温的植被活动气候适宜性指数（CSI）用于代替常用的干燥指数，为后续研究中地带性区域的识别、潜在 ΣNDVI 的获取及其在土地退化评价与监测中的应用等工作提供基础。

第 4 章分析结果表明，从时间变化看，当年生长季、前一个非生长季和前一个生长季的降水量是ΣNDVI 的决定性因素，气温对ΣNDVI 的作用反映在更长的时间尺度上。因此，降水和气温指标的“年”值分别取当年生长季、前一个非生长季和前一个生长季的累加值和平均值（月份加权），这可在本书第 1、第 2 章中数据预处理的基础上得到。本章空间格局分析是针对多年平均状态，因此，应在植被（ΣNDVI）、降水和气温指标基础上分别求多年平均值。

下面说明干燥指数的计算方法。

5.2　气候干燥指数的计算

干燥指数（Aridity index，AI），在此特指气候干燥度，是表征一个地区干湿程度的指标，其倒数称为湿润指数（Humidity index，HI）。干燥指数在地理学和生态学研究中长期应用，近来成为全球变化研究中经常涉及的气候指标之一，尤其是气候变化和干旱化、荒漠化等研究。《公约》关于荒漠化潜在发生范围——干旱、半干旱和亚湿润干旱区的界定就是基于干燥指数（湿润指数）的。

中外学者自 1900 年以来提出了许多计算干燥度指数的方法，简单的是以经验公式如降水和气温的比值来表达，复杂的则是通过计算可能蒸散量（Potential evapotranspiration，PE），以降水与可能蒸散的对比关系获得。这些计算方法的原理各异，各有优缺点，并应用于不同的地区和不同的研究。

本研究采用基于降水和气温数据的简便方法计算干燥度（Koppen，1920；de Maronne，1926；孟猛等，2004）：

$$AI = (T+10)\ /\ P \tag{5-1}$$

式中，AI 为干燥指数；P 为降水量，mm；T 为平均温度，℃。

该干燥指数的定义是用气温代替潜在蒸散量，虽然精度不高，但使用方便，有利于任意时间间隔上干燥度的计算，比较适合于在大尺度的研究中应用（孟猛等，2004）。为使计算的干燥指数在数量级别和大小次序上类似于常用的定义——可能蒸散量与降水量比值，令：

$$AI = (T+10) \times 19/\ P \tag{5-2}$$

需要指出的是，上述对 AI 的简化定义，一是因为研究区潜在蒸散发精确计算的实际困难，二是为了使本书提出的土地退化监测方法与已有的 RUE 法、RES 法等具有同等的数据要求，以便于比较方法本身的优劣，进一步的研究应当采用更精确的定义来提高精度。另外，干燥指数的计算也可以基于站点的降水和气温数据来计算，然后再进行空间内插。

5.3 NDVI 与气候因子的空间格局及其关系

5.3.1 NDVI 与气候因子的空间格局

图 5-1 为榆林市ΣNDVI 空间分布，其中图 5-1（a）、图 5-1（b）分别为 1982—2003 年 AVHRR 数据和 1998—2006 年 VGT 数据。从图 5-1（a）、图 5-1（b）均可看出，以长城为界，北部风沙草滩区比南部黄土丘陵沟壑区的植被覆盖整体上要差（ΣNDVI 值低）。由于空间分辨率的差异，图 5-1（b）中可以明显观察到沿无定河及其支流榆林河呈条带状分布的 NDVI 高值区，图 5-1（a）图中则可观察到子洲、米脂和绥德三县境内为本区 NDVI 的相对高值区，这些区域降水量相对较多，而海拔较高气温相对较低。

图 5-2 为榆林市 1982—2006 年主要气候因子（降水、气温、干燥指数）多年平均值的空间分布。由图 5-2（a）可以看出，本区降水分布具有从东南向西北递减的空间梯度，定边县北部地区的降水最少。降水格局与植被 NDVI 分布整体一致。由图 5-2（b）可以看出，本区气温分布既受纬度控制，又受海拔高度影响，分别在西南部的较高海拔地区和北部的较高纬度地区形成低温分布。河谷地带低海拔区则气温较高。由此，按照降水和气温计算的干燥指数在本区西部偏北地区形成高值区，而在其南部形成低值区图 5-2（c）。因此，本区西部的干湿度梯度极为明显，这也反映在图 5-1NDVI 空间格局中。

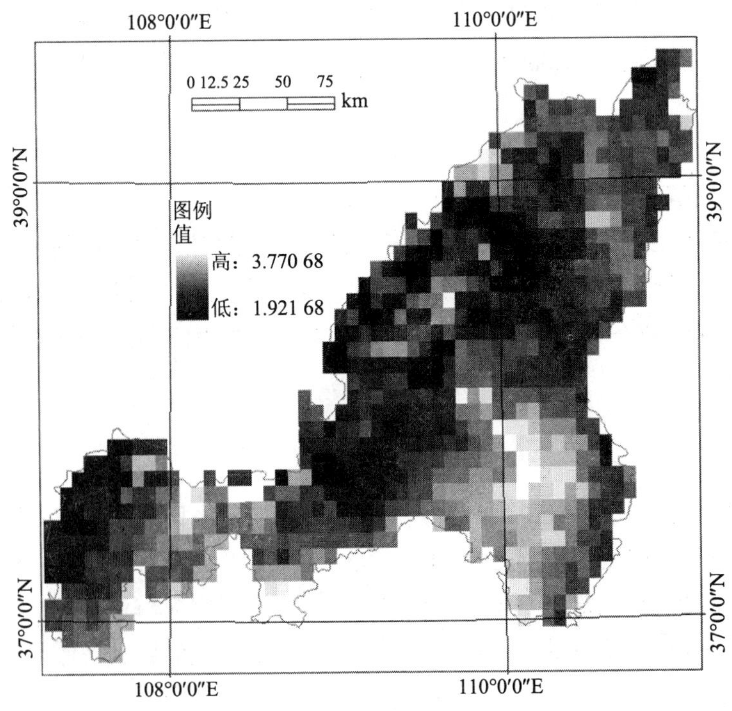

（a）1982—2003 年 AVHRR 数据

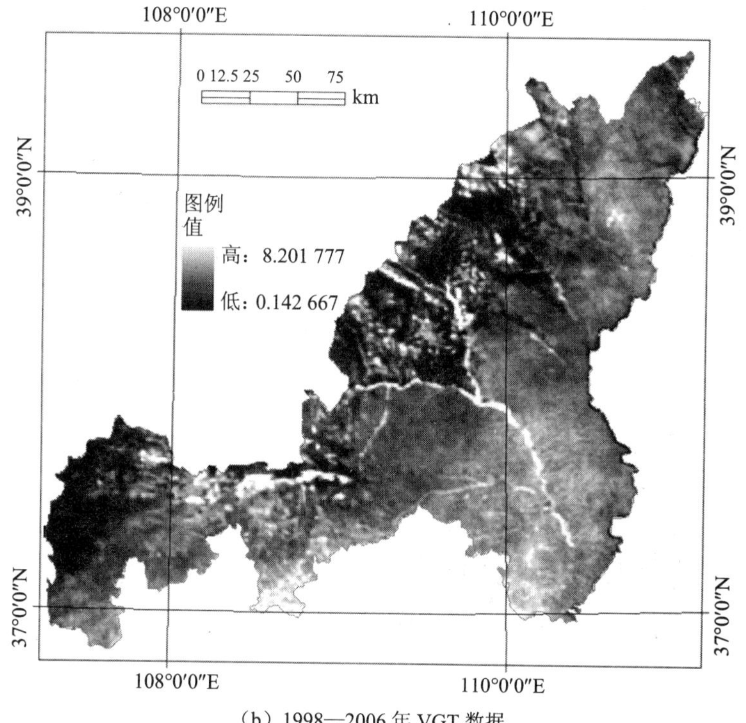

（b）1998—2006 年 VGT 数据

图 5-1　ΣNDVI 空间分布

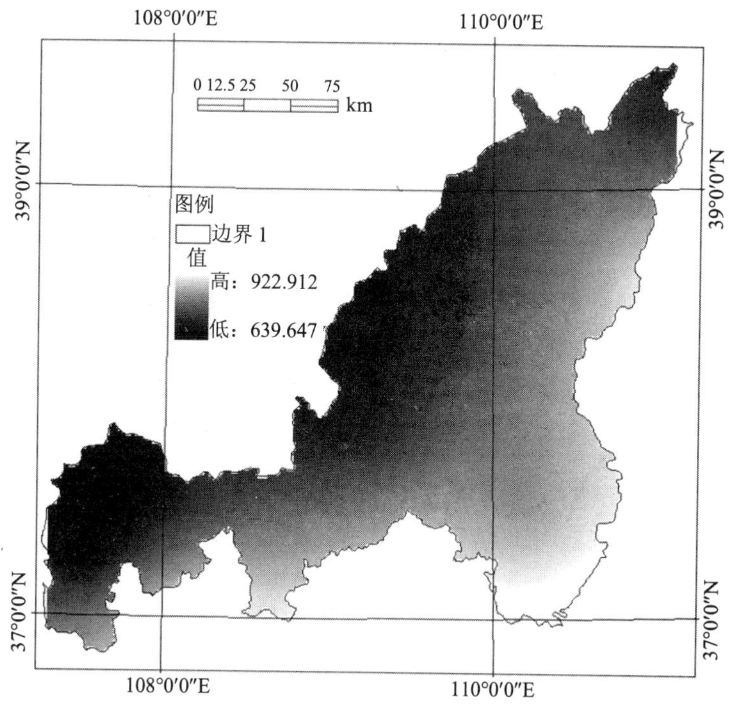

（a）1982—2006 年降水量

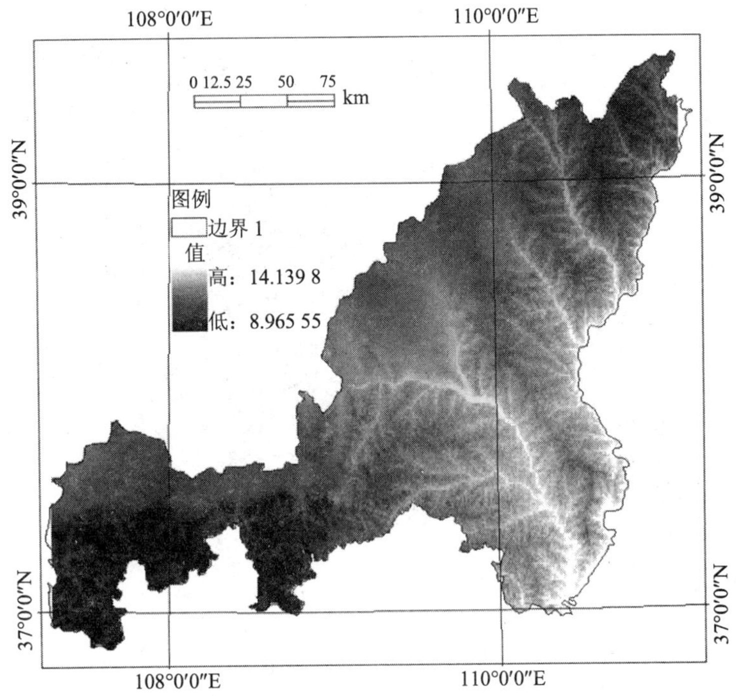

（b）1982—2006 年平均气温

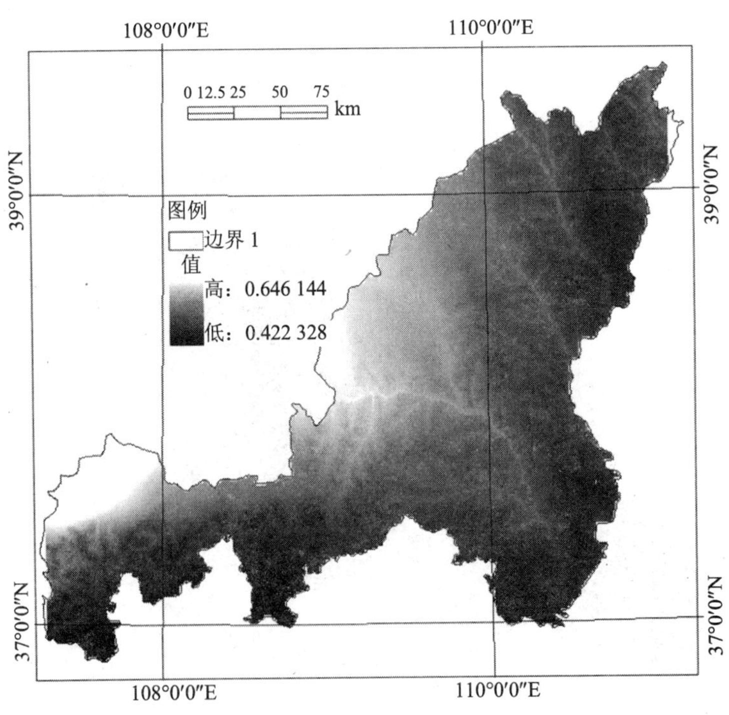

（c）1982—2006 年干燥指数

图 5-2　1982—2006 年气候因子空间分布

5.3.2　NDVI 与气候因子空间格局关系

NDVI 与气候因子空间格局关系的分析以较高空间分辨率的 VGT NDVI 及相应时段（1998—2006）内的气候数据为数据源。

将地理空间中分布的像素转换到降水-气温二维坐标空间，并使用反距离加权法将相应的ΣNDVI 进行插值得到图 5-3。由于本区边界的不规则性和降水、气温分布的特殊性，实际分布并不占据降水-气温二维坐标空间的全部，图 5-3 中边界线以外空白区域表示没有实际分布。可以看出，ΣNDVI 在降水-气温二维坐标空间中的分布具有一定的梯度变化，具体可归结为如下两个方面：

第一，从低降水高气温（图 5-3 左上）向高降水低气温（图 5-3 右下），ΣNDVI 逐渐增大。这表明：降水和气温对于本区植被活动具有相反的作用；降水多少和气温高低所决定的水分收支状况是控制本区植被活动的主导因素，热量条件并不限制植被生长，这与赵茂盛等（2001）的结论相符。对于植被恢复和建设而言，本区气候条件最好的是高降水低气温区，而不是一般情况下的所谓水热组合良好的高降水高气温区。

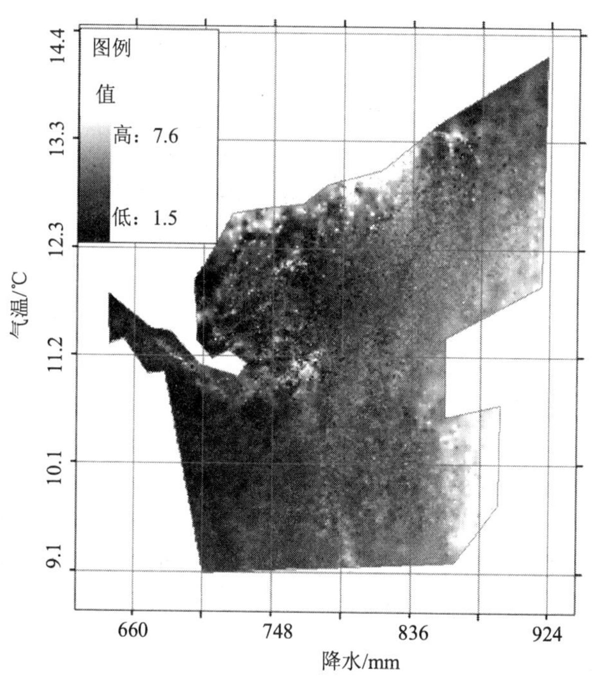

图 5-3　VGT ΣNDVI 在降水-气温坐标空间中的分布特征（1998—2006 年）

第二，ΣNDVI 由左上向右下的梯度变化中，左右梯度强于上下梯度，只有当降水大于 830 mm（相当于年降水量 400 mm 左右）时，上下梯度才明显超越左右梯度。这表明，降水和气温对本区ΣNDVI 的影响程度不同，前者强于后者。通常认为，降水或者干燥指数是大空间尺度上控制干旱半干旱区植被生产力分布的主要气候因子（Vicente

Serrano et al.，2006；Roerink et al.，2003；索安宁等，2007），即水分收支状况的反映。上述规律却显示，对于研究区而言，使用单一的降水或者干燥指数解释ΣNDVI 都有一定局限性，因为前者忽略气温的影响，后者则由于假定降水和气温对于植被活动有同等程度的作用而过高估计了气温的贡献（图 5-4）。这里需要指出，研究区潜在蒸散发的精确计算存在实际困难，这使我们采用了基于温度和降水比值的干燥指数定义。但是，即便能够获得精确的潜在蒸散发值，干燥指数的比值定义形式仍然不尽合理。

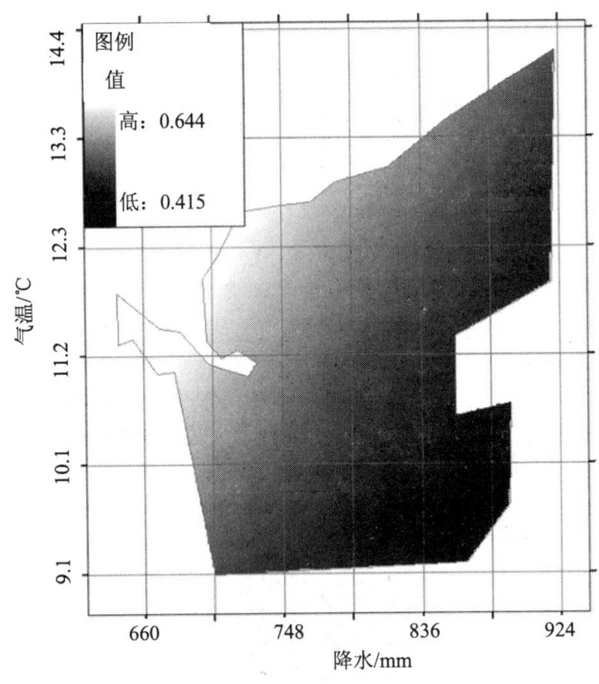

图 5-4　基于温度的干燥指数在降水-气温坐标空间中的变化（1998—2006 年）

5.3.3　植被活动气候适宜性指数

由 5.3.2 中分析可知，降水和干燥指数对ΣNDVI 的解释都有一定的局限性，主要原因在于它们对气温的作用的过低或过高估计。下面通过建立回归模型来定量考察ΣNDVI 与降水和气温之间的关系。

这里，首先对所有变量的原始数据进行标准化处理，公式如下：

$$O = \frac{I - I_{\min}}{I_{\max} - I_{\min}} \tag{5-3}$$

式中，I 是原始数据；O 是标准化后数据；$I_{\max}$ 和 $I_{\min}$ 是该数据集中最大值和最小值。

之所以进行数据的标准化处理，一是为了避免各变量原始值域区间相差悬殊而造成大值对小值的掩盖，二是为了直观反映降水和气温两者对ΣNDVI 的贡献大小。

表 5-1 为以降水、干燥指数以及降水和气温为自变量对 VGT ΣNDVI 建立一次和二次回归模型及其决定系数。更高次的回归方程可能会有更好的模拟效果，但具有不稳定性，容易受其他因子的干扰，难以反映植被-气候整体关系。可以看出，降水和气温的组合对植被生产力的解释能力最好，降水次之，干燥指数最差。这从定量的角度验证了前文中的两个定性结论。另外，二次回归模型较一次回归模型的效果好，这说明ΣNDVI 随降水和气温空间分布变化而产生的变化具有非线性特征。

表 5-1　1998—2006 年 VGT ΣNDVI 与气候因子空间变异的回归模型

自变量	P	A	P 和 T
一次方程	$N=0.212\times P+0.46$ $R^2=0.487$	$N=-0.226\times A+0.675$ $R^2=0.432$	$N=0.221\times P-0.031\times T+0.471$ $R^2=0.560$
二次方程	$N=0.053\times P^2$ $-0.157\times P+0.473$ $R^2=0.535$	$N=0.096\times A^2$ $-0.319\times A+0.694$ $R^2=0.472$	$N=0.130\times P^2+0.117\times T^2-0.282\times P\times T$ $+0.225\times P+0.026\times T+0.445$ $R^2=0.598$

注：表中 N、P、T 和 A 分别为植被、降水量、气温和干燥指数指标的标准化后数值。

从降水和气温对ΣNDVI 的一次回归方程系数可以看出，降水和气温对该植被的贡献方向相反，程度也不同，降水贡献大约是气温贡献的 7 倍。这与 Ji 等（2004）在美国大平原地区所得结论不太一致，该研究认为潜在蒸散量（相当于本研究所使用的气温）的贡献是降水贡献的 4～5 倍。导致结论不一致的最可能原因是研究区域地理特征的不同。

从另一个角度看，在气候控制植被空间格局的前提下，基于降水和气温的回归模型实际上定义了一个气候适宜性指数（简称 CSI）。该指数的性质与本研究中的干燥指数类似，但对植被活动的解释能力强于干燥指数，也强于单一的降水量。虽然二次回归模型效果最佳，但是使用起来不甚方便，因此我们按照一次回归模型中降水项与气温项的系数之间倍数关系（7 倍）来定义 CSI：

$$\mathrm{CSI}=0.875\times P-0.125\times(T-1) \tag{5-4}$$

式中，各项含义同式（5-1）。CSI 取值介于 0～1。

利用上式计算的 1998—2006 年 CSI 见图 5-5 所示。该指数充分反映了榆林市降水和气温对植被活动空间格局控制作用的非平等性，能否在更大空间尺度的干旱、半干旱地区使用还需要进一步探讨。本书将在第 6 章和第 7 章中使用 CSI 代替前文中定义和使用的干燥指数。

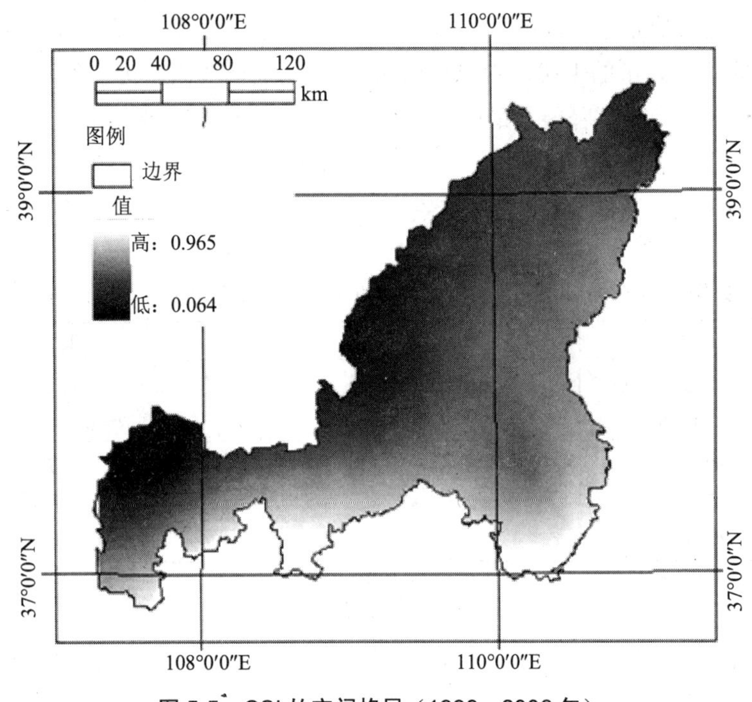

图 5-5 CSI 的空间格局（1998—2006 年）

5.4 小结

本章在多年平均水平上，定性分析榆林市ΣNDVI、降水、气温和干燥指数空间格局，并借鉴 Suzuki 等（2006）的空间变换方法，考察该区ΣNDVI 空间分布与降水、气温之间的定量关系，进而定义了一个基于降水和气温的植被活动气候适宜性指数（CSI）用于代替常用的干燥指数。主要结论如下：

① ΣNDVI 和降水分布格局整体一致，均呈从东南向西北递减的空间梯度。气温分布既受纬度控制，又受海拔高度影响，分别在西南部的较高海拔地区和北部的较高纬度地区形成低温分布。

② 降水和气温对ΣNDVI 具有相反的作用；降水多少和气温高低所决定的水分收支状况是控制本区植被活动的主导因素，热量条件并不限制植被生长。降水和气温对ΣNDVI 的影响程度不同，前者强于后者。使用单一的降水或者干燥指数解释ΣNDVI 都有一定局限性。

③ 新定义的气候适宜性指数（CSI）充分反映了榆林市降水和气温对植被活动空间格局控制作用的非平等性，对植被活动的解释能力优于常用的干燥指数或者降水量。CSI 能否在其他干旱半干旱地区使用还需进行验证。另外，该指数的定义没有考虑降水和气

温对植被活动的非线性特征，也没有顾及空间自相关问题。

本章内容为后续研究中地带性区域的识别、潜在ΣNDVI的获取及其在土地退化评价与监测中的应用等工作提供基础。

第 6 章　利用 NDVI-气候因子空间相关关系识别地带性区域

6.1　引言

利用植被指数和气候数据进行人类活动导致的土地退化监测，其有效性是建立在气候对植被起控制性作用的基础之上（Prince et al.，2002）。从区域乃至全球来看，气候条件无疑是植被分布的控制性因素（Fang et al.，2002）。这种控制既表现在时间上，也表现在空间上（Wang et al.，2001；Wang et al.，2003；Goward et al.，1995；Roerink et al.，2003）。本书第 4 章、第 5 章的研究结果同样表明，无论从时间还是空间角度看，陕北榆林市的植被整体上受气候条件（降水和气温）的控制。

然而，由于地表过程的复杂性，局部地域上的植被并不一定受制于区域气候特征，如水域一般没有植被，城镇、工矿、交通占用土地、灌溉农业区等的植被主要受人类活动的直接控制，而地表水或地下水汇集和流经区域的植被则更多地受到更大时空尺度上气候变化或人类活动的间接影响。此类区域（非地带性区域）土地退化过程中气候变化和人类活动作用的区分不是植被指数和气候数据所能简单反映的，至少需要翔实的土地利用和水文数据以及相应模拟模型的支持。

因此，对于较为复杂的异质性地理区域而言，识别非地带性区域并将其排除在监测之外，是利用植被指数和气候数据进行人类活动导致的土地退化监测的一个必要前提和现实选择。现有研究一般选择了地表过程相对均质的区域或者单一土地类型的荒漠化（如非洲萨赫勒地区的草地退化）而回避了这一问题（Boer et al.，2003）。

为区分“地带性区域”和“非地带性区域”，最可能利用的已有信息资源是土地利用/土地覆盖类型数据。但是，无论全球还是国内，当前的土地利用/土地覆盖分类体系，并不是为这一目的而设计，其分类结果也就不能为此提供准确信息。以中国土地资源分类系统（中国科学院地理科学与资源研究所）为例，共分 6 个大类。以耕地大类为例，分为水田和旱地两个小类，但旱地既可以是无灌溉水源及设施、靠天然降水生长作物的耕地，也可以是有水源和浇灌设施，在一般年景下能正常灌溉的旱作物耕地（见附录表 1）。

从分析植被与气候时空变异关系入手来分辨地带性和非地带性区域是一条简便而适宜的途径。陈云浩等（2002）基于 NDVI 和气候因子（降水和气温）年际变异相关系数的计算，按照相关系数的显著性程度，将中国植被分为降水驱动区、气温驱动区、降水-气温驱动区以及非气候因子驱动区（即非地带性区域）。但是，该文的方法不能顾及地带性和非地带性区域可能存在时间（年际）上的互相转变问题。

从空间角度看，经典的针对定量数据的相关和回归分析技术并不能为识别地带性和非地带性区域提供有效方法，因为相关分析只能给出植被 NDVI 和气候变量空间分布的整体相关程度判断，回归分析则容易受空间分布不均衡性的影响。本章提出类型变量空间相关关系的一种计算方法，并在对 NDVI 和气候数据（CSI）进行类型化处理的基础上，使用该法识别地带性和非地带性区域。定量变量的类型化（定性）处理使信息大量损失，却为空间相关关系的计算带来方便。

6.2　类型变量的空间相关关系

6.2.1　概述

空间关系是 GIS 基础理论问题。基本空间关系可分为 5 类：距离、方位、拓扑、相似和相关（郭仁忠，2000）。空间相关可分为空间自相关（spatial autocorrelation）和空间互相关（spatial cross-correlation）（Tobler，1979；Shashi and Sanjay，2003），前者指同一空间变量在一个位置上的观察值与邻近位置上观察值的相关程度，后者指两个以上空间变量在空间分布（或同一空间变量在时间序列）上的相关程度。近年来，空间自相关及其应用受到了广泛重视（Clif and Ord，1973；Maron and Harrison，1997；徐建华等，2004），而对空间互相关的研究较少，限于专业性很强的 GIS 领域应用，理论成果相当匮乏（闫浩文，2001）。下文中空间相关专指空间互相关，空间变量数目或时相限定为 2。

在传统 GIS 所表达的 2.5 维空间中，空间变量的分布模式有点群、线群、面群和表面之分，而每种分布的属性又可分为名义、顺序、间隔和比率尺度。从理论上讲，空间相关关系的分析对象组合比较复杂。但在实际应用中一般只考虑相同分布模式和属性特征下的情况，对于不同分布模式和属性特征空间变量之间的相关，往往先将变量之一转化为与另一变量相同的形式（毛政元，2004）。

类型变量（categorical variable）或类型地图（categorical map）是一种常见面群分布，如土地利用类型图、植被类型图等。该类地图变量的面群之间无重叠无缝隙，目标属性只有类别划分（名义或有序）而无数量差异，因此其空间相关性计算不能直接使用统计学中的各种相关指数（李新运，2003）。

6.2.2　已有方法及其局限性

（1）基于信息熵的空间相关测度

郭仁忠基于信息熵计算类型地图要素的相关程度（郭仁忠，2000）。熵函数作为事物信息量的计算公式，反映了事物的不确定程度。可以基于熵函数来计算类型地图要素之间的相关程度。设有离散变量 x 与 y，分别有 n 和 m 个状态值，则 x、y 的熵值及其联合熵分别为：

$$H(x) = -\sum_{i=1}^{n} P_i \log_2 P_i \tag{6-1}$$

$$H(y) = -\sum_{j=1}^{m} P_j \log_2 P_j \tag{6-2}$$

$$H(x,y) = \sum_{i=1}^{n}\sum_{j=1}^{m} -P(x_i, y_j)\log_2 P(x_i, y_j) \tag{6-3}$$

式中，则 P_i、P_j 分别为 x、y 各状态的概率；$P(x_i, y_j)$ 为联合分布概率。

定义指数 K 用来描述 x、y 之间的相关程度：

$$K = \frac{H(x) + H(y) - H(x,y)}{H(x) + H(y)} \tag{6-4}$$

K 的取值为 0～1，当 K=0 时，表示 x、y 不相关，K 越大，则 x、y 相关程度越高。

对于同一区域的类型地图（变量）A 和 B，将每种分类及其组合占总面积的比重看作概率，可以使用上式方便计算它们的相关程度。该方法基于反映信息量的熵函数，适用于计算空间域上的整体相关性。

（2）基于实体面积的空间相关测度

Maruca 和 Jacquez 从空间模式匹配的角度给出了基于实体面积的两个面状分布相关程度的计算方法（Maruca 和 Jacquez，2002），其主要特征在于设计了三个面积加权匹配度的统计量。设有同一区域两个不同的分割方案（相当于类型地图中的面群划分）产生两组面实体 I 和 J，分别包含 N_I 和 N_J 个面，定义：

$$A_I = \frac{\sum_{i=1}^{N_I}(a_i A_{i\bullet})}{\sum_{i=1}^{N_I} a_i} \tag{6-5}$$

$$A_J = \frac{\sum_{j=1}^{N_J}(a_j A_{\bullet j})}{\sum_{j=1}^{N_J} a_j} \tag{6-6}$$

$$A_{IJ} = \frac{\sum_{i=1}^{N_I}(a_i A_{i\bullet}) + \sum_{j=1}^{N_J}(a_j A_{\bullet j})}{\sum_{i=1}^{N_I} a_i + \sum_{j=1}^{N_J} a_j} \tag{6-7}$$

式中，A_I 为面群 I 对面群 J 的匹配度；A_J 为面群 J 对面群 I 的匹配度；A_{IJ} 为面群 I 和 J

之间的总匹配度。其中 a_i、a_j 分别为 I 中第 i 个面和 J 中第 j 个面的面积；$A_{i\bullet}$ 和 $A_{\bullet j}$ 为：

$$A_{i\bullet}=\max(a_{i\bullet})=\max\{a_{i1},a_{i2},\cdots,a_{iN_J}\}，\quad A_{\bullet j}=\max(a_{\bullet j})=\max\{a_{1j},a_{2j},\cdots,a_{N_Ij}\}$$

式中，a_{ij} 为 I 中第 i 个面和 J 中第 j 个面的交集面积与并集面积的比值，称为 i 和 j 的相对重叠度，即 $a_{ij}=\dfrac{a(i\cap j)}{a(i\cup j)}$。

利用蒙特卡罗实验求得在完全随机条件下 A_I、A_J、A_{IJ} 的值，它们与实际分布的 A_I、A_J、A_{IJ} 值之比值代表两个分区模式的相关关系，大于、等于和小于 1 分别表示吸引（正相关）、独立（不相关）和排斥（负相关）。

该方法基于实体之间交、并面积的比值，但关注了两个面群划分的边界关系，而忽略了属性的组合关系，是纯几何意义上的空间相关。

上述两种方法均适用于计算空间域上的整体相关性。若欲计算局部空间上的相关性，将须对空间进行特定分割，各局部空间内所得相关程度之间只有信息量或重叠度的对比，无法表达两种专题的属性组合特征在局部空间上与整体空间的协调性，而这种协调性往往是地理空间分析的目的所在。

下面给出一种计算类型地图要素之间空间相关关系的新方法，其基本思想是用现实分布与随机分布下相对重叠度的差异来表达类型之间的相关程度，并且可以考虑位置不确定性的影响。该方法借鉴了 Maruca 和 Jacquez 方法中相对重叠度的思想，其实现在栅格数据环境下更为方便。由于强调了属性类别的组合关系，故称其为基于属性组合的空间相关关系计算方法。

6.2.3 基于属性组合的类型变量空间相关关系

（1）基本方法

假设有同一区域不同主题的类型变量 A 和 B，分别有若干个类别。N 为区域栅格单元总数，$N_{x\cdot}$ 是变量 A 中分类为 x 的单元数目，$N_{\cdot y}$ 是变量 B 中分类为 y 的单元数目，$N_{x\cdot\cap\cdot y}$ 表示 x 与 y 的重合单元个数（交集），$N_{x\cdot\cup\cdot y}$ 表示 x 与 y 的并集：

$$N_{x\cdot\cup\cdot y}=N_{x\cdot}+N_{\cdot y}-N_{x\cdot\cap\cdot y} \tag{6-8}$$

x、y 交集与 x、y 并集的比值称为类 x 与类 y 相对重叠度，记为 O_{xy}：

$$O_{xy}=\frac{N_{x\cdot\cap\cdot y}}{N_{x\cdot\cup\cdot y}} \tag{6-9}$$

在类型面积保持不变的条件下（即 $N_{x\cdot}$ 和 $N_{\cdot y}$ 不变），令两地图单元类别为随机分布。随机分布下，类 x 与类 y 的交集、并集和相对重叠度分别可表示为 $N'_{x\cdot\cap\cdot y}$、$N'_{x\cdot\cup\cdot y}$ 和 O'_{xy}：

$$N'_{x\bullet\cap\bullet y}=\frac{N_{x\bullet}}{N}\times\frac{N_{\bullet y}}{N}\times N \tag{6-10}$$

$$N'_{x\bullet\cup\bullet y}=N_{x\bullet}+N_{\bullet y}-N'_{x\bullet\cap\bullet y} \tag{6-11}$$

$$O'_{xy}=\frac{N'_{x\bullet\cap\bullet y}}{N'_{x\bullet\cup\bullet y}}=\frac{N_{x\bullet}N_{\bullet y}}{N(N_{x\bullet}+N_{\bullet y})-N_{x\bullet}N_{\bullet y}} \tag{6-12}$$

显然，$O_{xy}-O'_{xy}$ 的大小反映了类 x 与类 y 之间的相关性。为了使用上的方便性，定义：

$$R_{xy}=\begin{cases}\dfrac{O_{xy}-O'_{xy}}{1-O'_{xy}} & 当O_{xy}\geqslant O'_{xy}时\\[2ex] \dfrac{O_{xy}-O'_{xy}}{O'_{xy}} & 当O_{xy}<O'_{xy}时\end{cases} \tag{6-13}$$

来描述类 x 与类 y 之间的相关程度。由上述定义可知，R_{xy} 的取值介于[−1，1]，正值表示正相关，负值表示负相关，0 表示不相关。绝对值越大，正/负相关程度越大。

规定栅格单元上相关程度由该单元上 A、B 两种要素的类型组合 x、y 直接决定。于是，可以得到地图上主题 A、B（图 6-1）在每个栅格单元上的空间局部相关指数 r_{ij}：

$$r_{ij}=R_{v(ij)\ u(ij)} \tag{6-14}$$

式中，ij 代表栅格地图上位置 i 行 j 列，$v(ij)$、$u(ij)$分别表示该位置上专题 A 和 B 的类别取值。

当需要在较大尺度上（栅格单元聚合）考察空间相关时，可用所有聚合单元的 r_{ij} 平均值表示聚合水平上的空间相关。特别是，当尺度变为最大时，便可得到区域内两主题的整体相关指数，亦即 R_{xy} 的类别组合面积加权平均值。

由上述定义可以看出，这种方法的基本思想是用现实分布与随机分布下相对重叠度的差异来表达类型之间的相关程度，随机分布是在各类型面积保持不变的条件下，地图栅格单元类别的随机分配。因此，只要类型组合一样，不管该组合分布的面积和形状如何，局部相关指数均一致；总体上讲，两离散面状分布叠置之后细碎区域的相关指数趋小而大片区域的相关指数趋大。

考虑到地图叠置之后细碎区域的产生可能由空间数据的位置不确定性引起，这里提出顾及位置不确定性的空间相关关系计算方法。

（2）位置不确定性的影响

地理现象的分布通常具有模糊的边界，且空间数据带有不可避免的位置误差。这种模糊和误差称为空间位置不确定性。位置不确定性下的空间相关关系，需要计算当前单元与一定距离范围内邻域单元（包括当前单元自身）的两专题类别的相关程度。

设当前单元为 ij，其邻域记为 D（一般考虑 $n\times n$ 的矩形区域，包括当前单元），D 内元素为 d，则定义位置不确定性下单元 ij 上的局部空间相关指数 r_{ij}' 为：

$$r_{ij}' = \max_{d\in D}[W(d)R_{v(ij)\ u(d)}, W(d)R_{v(d)\ u(ij)}] \tag{6-15}$$

式中，max 为取最大值；$v(ij)$、$u(ij)$分别表示 ij 位置上专题 A 和 B 的类别取值；$v(d)$、$u(d)$ 分别表示 d 位置上专题 A 和 B 的类别取值；权重项 W（d）为一距离衰减函数，可以根据数据本身的精度特征和应用目的而设定。例如，当前单元本身的距离为 0，权重设为 1；当前单元的 4-邻域的 4 个单元距离为 1，权重设为 0.8；当前单元的 8-邻域的 4 个单元（不包含 4-邻域的 4 个单元）距离为 $\sqrt{2}$，权重设为 0.5，依此类推。

同样地，当需要在较大尺度上（栅格单元聚合）考察位置不确定性下的空间相关时，可用所有聚合单元的 r_{ij}' 平均值表示聚合水平上的空间相关。特别是，当尺度变为最大时，研究区内所有单元的 r_{ij}' 平均值表示区域内两主题的整体相关指数。

需要指出的是，这里只考虑了位置不确定性，而没有讨论属性不确定性。

（3）实验与讨论

图 6-1 的实验数据为同一区域不同主题的两幅专题地图 A 和 B，均分布 6 种类别。该图源自《空间分析》（郭仁忠，2000），原书中使用基于信息熵的方法计算两图的空间相关强度为 0.31。从图 6-1（c）叠加显示看，A 和 B 的类别分布界限确实具有一定的相关性，但类别之间的相互关系并不易于观察。

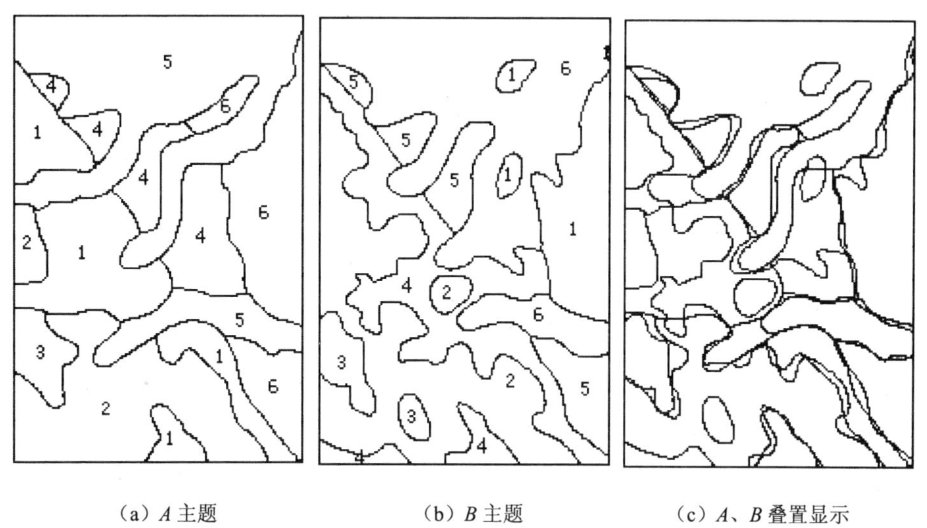

（a）A 主题　　（b）B 主题　　（c）A、B 叠置显示

图 6-1 类型变量空间相关关系计算的实验数据

在 ARCGIS9.0 环境下，数字化实验数据，并使用 VBA 编程实现本研究提出的空间相关关系计算方法。图 6-2 为空间相关程度的可视化分级表达。图 6-2（a）为不考虑位置不确定性的情况，局部相关指数介于−0.99～0.63，整体相关指数为 0.30（正相关，与上述 0.31 的结果相当吻合）。另外，图 6-2（a）还验证了前面的一个推论：总体上两类型地图叠置之后细碎区域的相关指数趋小而大片区域的相关指数趋大。

图 6-2（b）为考虑位置不确定性下的计算结果（栅格单元邻域设为 3×3 的正方形，4-邻域的 4 个单元权重设为 0.8，8-邻域的 4 个单元权重设为 0.5），从图 6-2（a）和图 6-2（b）的对比可以看出，在考虑位置不确定性之后，部分区域的局部相关指数有所增大，最小值（最大负相关）由−0.99 变为−0.49，整体相关指数增大为 0.34。

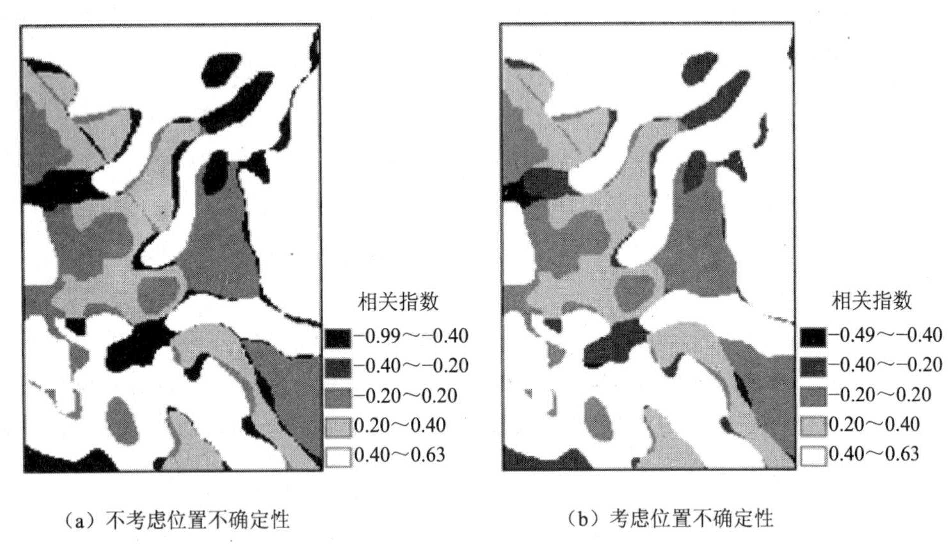

（a）不考虑位置不确定性　　（b）考虑位置不确定性

图 6-2　主题 *A*、*B* 的空间相关关系

为进一步比较位置不确定性对局部相关指数的影响，提取空间负相关的区域（图 6-3）。负相关区域在顾及位置不确定性时有所缩小，图 6-3（a）中接近连续的条带状分布在图 6-3（b）中呈间断状，但大部分区域仍然存在，这有两种可能：① 实验所设定的位置不确定性邻域太小，或者距离衰减权重函数的取值与数据本身的位置不确定性不相符合；② 这部分地区确实有较强的空间负相关存在，从回归分析的角度看，需要寻求其他的空间变量来解释。

空间相关关系是一种重要的空间关系，在地理分析中具有广泛应用，其理论研究尚待深入。类型地图要素之间的空间相关性计算，不能直接使用统计学中的各种相关指数。基于信息熵的方法仅适用于计算空间域上的整体相关性；基于实体面积的方法关注面群划分的边界吻合程度，忽略了属性的组合特征，是纯几何意义上的空间相关。本研究利用现实分布与随机分布下相对重叠度的差异来表达类型之间的相关程度，从而给出一种计算空间相关关系的简便方法。该方法基于栅格数据来描述，兼顾了地图空间变量的位置特征与属性类别组合关系；既可在不同尺度上量度局部空间相关，也可计算整体空间相关；同时讨论了顾及位置不确定性的空间相关关系。位置不确定下权重项距离衰减函数的设定需要做进一步研究（孙建国等，2008a）。

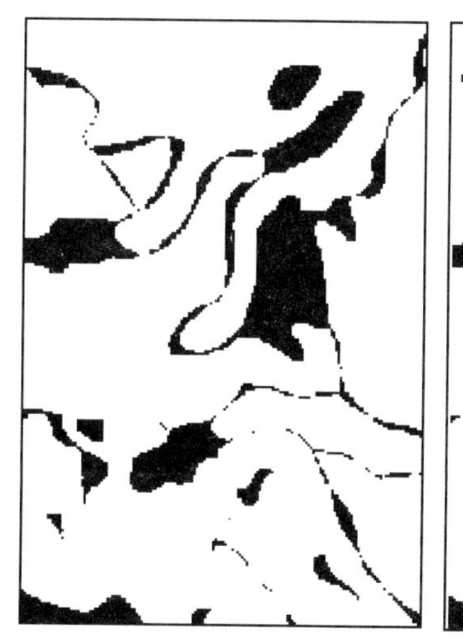

（a）不考虑位置不确定性

（b）考虑位置不确定性

图 6-3 主题 A、B 的空间负相关（黑色表示负相关区域）

6.3 地带性区域的识别

6.3.1 定量数据的类型化处理

在气候控制区域植被整体格局的情况下，地带性是植被对气候的依赖区，而非地带性区域是植被对气候的不依赖区。从上述空间相关关系的角度看，分别对应于空间正相关和空间负相关像元。

要利用上述类型变量空间相关关系的计算方法来识别地带性和非地带性区域，就必须对 NDVI 和气候数据（CSI）进行类型化处理，涉及的两个基本问题就是分类的方法和类型数目的多少。

定量数据的分类方法很多，可以是任意的人为分级，也可以是等差分级、等比分级、分位数分级、自然断裂点分级和标准差分级等。从前文中类型变量空间相关关系计算方法的描述中可知，类型划分的一个基本要求是每种类型所对应的地带性区域占主体地位，即地带性区域的像元数目要大于非地带性区域的像元数目。虽然事先并不知晓两者分布的真实情况，但可以做出总体上的判断。对于研究区而言，非地带性区域的 NDVI 较之地带性区域的 NDVI 偏大，但有交叉。因此，选择分位数分级方法较之其他分类方法可以更大限度地满足上述要求。

类型数目多少是影响识别结果好坏的另一重要参数，类型数目太少难以反映类型内部的差异，类型数目太多又会由于类型组合之间相对重叠度过小而引起计算结果的更大不确定性，同时也难以保证每种类型所对应的地带性区域占主体地位。试验表明，类型数目取 5～10 时计算结果比较稳定。

6.3.2 基于 VGT NDVI 的地带性区域识别

首先，对研究区 1998—2006 年 VGT ΣNDVI 和 CSI 进行类型化处理，分类方法为分位数分级法，分类数目均为 5；其次，按照式（6-13）计算两类型变量的空间相关关系，结果如图 6-4 所示（仅显示为正相关和负相关）。

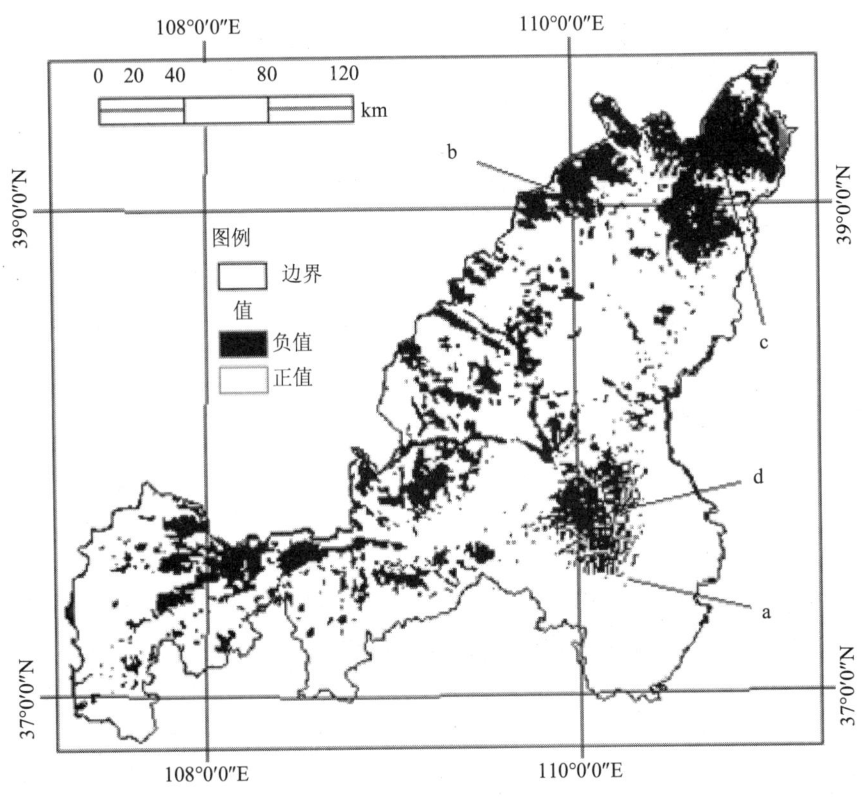

图 6-4 1998—2006 年 VGT ΣNDVI 和 CSI 的空间相关

对比图 5-1（b）和图 6-4，根据对榆林市水系和灌溉区分布的先期认识，利用类型变量空间相关关系识别的地带性区域和非地带性区域与实际情况基本吻合，但也存在一些不合理之处。例如，图 6-4 中所示区域 a 是无定河及其支流榆林河流经地，从图 5-1（b）中可明显观察到引水灌溉所形成的狭长状高植被覆盖区，应当属于非地带性区域，但在图 6-4 中并不能有效识别；相反，图 6-4 中研究区北部边界的一些低植被覆盖或者无植被覆盖区（如图6-4中所示的小块区域b为水域）也没有正确识别。造成上述错误的主要原因在于计算方法的边界效应，即高ΣNDVI区分布于高CSI区、低ΣNDVI区分布于低CSI区均被判别为“正常”分布。避免上述错误的途径是扩大计算空间相关关系的空间范围，从而减小边界效应的产生。

另外，图6-4中所示的c区域和d区域被判别为连片的非地带性区域，可能是气候数据空间内插的不确定性所导致的错误，也可能是人类活动（如采矿）对植被强烈破坏下的植被反常区，这需要做进一步的实地考察验证。

6.3.3 基于AVHRRΣNDVI的地带性区域识别

首先，将1 km的研究区1982—2003年CSI栅格数据聚合为8 km数据；其次，与基于VGT NDVI的地带性区域识别一样，将AVHRR ΣNDVI和CSI进行类型化处理（分类方法为分位数分级法，分类数目为5），并按照式（6-13）计算两类型变量的空间相关关系，结果如图6-5所示（仅显示为正相关和负相关）。

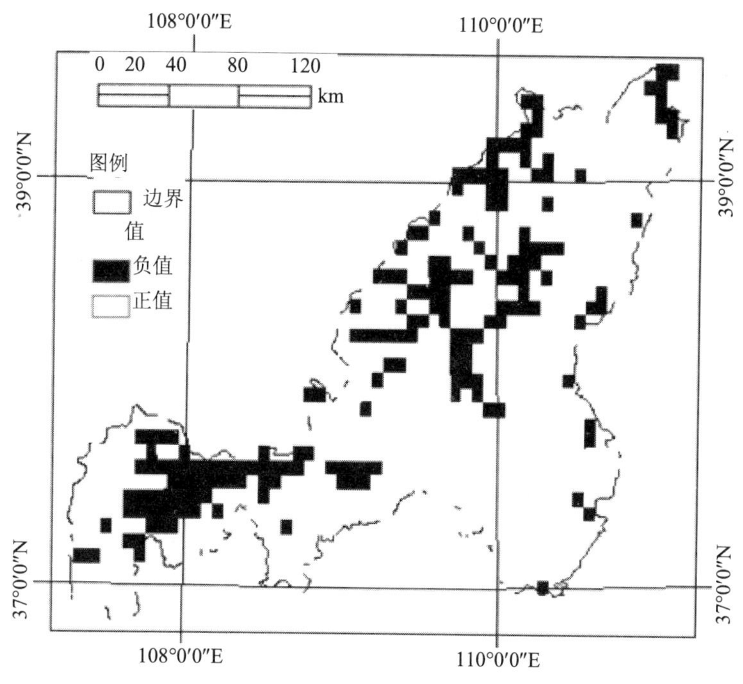

图6-5 1982—2003年AVHRR ΣNDVI和CSI的空间相关

由于空间分辨率太低而存在大量的混合像元，图5-1（a）AVHRR ΣNDVI中由主要河流所形成的狭长状非地带性区域表现不明显，因此在图6-5中也就不能识别。在8 km空间分辨率下，该区主要非地带性区域位于西部和北部（毛乌素沙地边缘）。图6-4中所示的c区域和d区域不再被识别为非地带性区域。

可见，利用上述类型变量空间相关关系的计算尚不能非常准确地识别所谓地带性区域，更不能在逐年的时间尺度上使用进而用于地带性区域和非地带性区域的动态变化。但是，对于大致剔除多年平均状态下的非地带性区域从而提取“潜在植被指数”来说确实是一种简便而有效的方法。

6.4 小结

识别非地带性区域并将其排除在监测之外，是利用植被指数和气候数据进行人类活动导致的土地退化监测的一个必要前提和现实选择。从分析植被与气候时空变异关系入手来分辨地带性和非地带性区域是一条简便而适宜的途径。

本章给出了一种计算类型地图要素之间空间相关关系的新方法，其基本思想是用现实分布与随机分布下相对重叠度的差异来表达类型之间的相关程度。该方法基于栅格数据来描述，兼顾了地图空间变量的位置特征与属性类别组合关系；既可在不同尺度上量度局部空间相关，也可计算整体空间相关。

利用类型变量空间相关关系识别的地带性区域和非地带性区域与实际情况基本吻合，但也存在一些不合理之处。分类方法、类型数目的多少影响到计算结果。边界效应（不是指地理空间的边界，而是指植被和气候条件的上下边界）和空间数据的不确定性也会造成判别错误。适当扩大计算的空间范围、提高气候数据的空间内插精度是减少错误的有效途径。利用类型变量空间相关关系的计算尚不能非常准确地识别所谓地带性区域，更不能在逐年的时间尺度上使用进而用于地带性区域和非地带性区域的动态变化。然而，对于大致剔除多年平均状态下的非地带性区域从而提取“潜在植被指数”来说确实是一种简便而有效的方法。

定量变量的类型化（定性）处理使信息大量损失，却为空间相关关系的计算带来方便。

第 7 章　潜在 NDVI 及其在荒漠化评价和监测中的应用

7.1　概述

7.1.1　荒漠化评价的基准

（1）基准的概念

荒漠化不仅是土地退化的过程，而且也是土地退化的结果（Mainguet，1994），同其他环境变化的评价一样，其评价必须基于某一确定的参照点，即评价“基准”（baseline 或 benchmark）。没有基准就无法进行比较，也就难以进行评价和监测。从目前的荒漠化评价和监测来看，不同的学者采用了不同的基准，甚至有些学者避开或淡化这一基本问题（高志海等，2004；慈龙骏等，2005），使评价结果的客观性和可比性难以保证，也是造成评价工作广泛开展而令人信服的成果为数不多的重要原因。

刘玉平（1998）认为基准是在一定的气候条件下生态系统所能达到的最大潜在状态，即没有人为干扰条件下当地天然植被所能达到的最终稳定状态；理论上对象区域的古地理环境和历史地理记录就是该区的基线，但这样符合条件的资料几乎没有。丁国栋（1998）提出以各地现存最完好的单元作为基准，包括采取人为措施封育数年的地块和稳定的人工林、草地。孙武和南忠仁等（2000）认为理论基准面包括退化的初始面和终极面，初始面是退化前土地同气候相适应的景观，终极面则受人类活动和气候影响下土地退化的最终状态；在中国可尝试选取 20 世纪 50 年代或 70 年代的现实景观为相对基准来取代绝对基准。张煜星和孙时衡（1998）认为荒漠是土地荒漠化正过程的最终可能结果，它是气候变化和人为因素共同作用下形成的较稳定景观，荒漠就是荒漠化程度最严重的土地，因此在确定零水平（基准）特别困难的情况下，先设定荒漠化程度极严重一级为荒漠，按照荒漠化逆过程推导确定重、中、轻度荒漠化的等级。

（2）基准的确定

理论上的基准是存在的，实际应用中基准却很难确定（丁国栋等，2004）。归纳起来，荒漠化评价基准的确定需要根据评价目标、获取数据的特征和评价区域的地理特征等具体情况做出以下几个方面的选择。

① 绝对基准和相对基准。绝对基准即理论基准。从生态学的角度来看，荒漠化评

价的理论基准，应该是自然环境条件下植被气候顶极群落（Grainger，1992）。联合国粮农组织（FAO）和联合国环境规划署（UNEP）在其确定的荒漠化评价方法中，将 Dyksterhuis 的数量顶极群落作为评价植被退化的基准（FAO/UNEP，1984）。然而，受气候变异和人为活动的影响，大多数植被群落早已远离其顶极群落，所以一般都寻找相对的基准。

② 纵向基准和横向基准。相对基准有两种可能（丁国栋等，2004），一是以某一历史时段的状态为基准进行纵向比较，下文称为“纵向基准”；二是以研究区域中保存最完好的、认为是未退化的地方作为基准进行横向比较，下文称为“横向基准”。前者常受数据可获得性的束缚，后者则往往受自然植被样本点极为有限的制约。

③ 气候基准和环境基准。对于“横向基准”而言，由于自然环境在空间上的变异性，评价指标在不同的地区应当有不同的基准值。换句话讲，就是以被认为未退化地方为样点，建立起植被指标与环境变量之间的某种数学关系模型，进而对研究区域内所有地方的潜在植被指标进行预测，形成所谓“环境基准”。受多种因素的制约，这种模型的自变量往往限于气候类因子，即建立的是“气候基准”。显然，气候基准最大的缺陷在于只适用于地带性景观（高志海等，2004）。

④ 静态基准和动态基准。气候在年际上的动态变化非常明显，植被状态也随之而变。对这种动态特征的顾及形成所谓“动态基准”，反之则可称为“静态基准”。最受关注的荒漠化地区莫过于非洲萨赫勒地区，国际社会也受此影响，对全球荒漠化问题的严重性做出过夸大的估计；近年来的很多研究却表明，萨赫勒地区荒漠化的主要成因是 20 世纪 90 年代以前的严重干旱，90 年代以后，随着降水的增多和干旱的缓解，植被覆盖明显增加，有学者由此推断该地区目前还未有大范围的明显的植被和土地退化（Prince et al.，1998）。上述两种观点的相悖实际上是选择静态和动态两种不同基准的使然。可以看出，动态基准的本质就是要区分气候变化和人类活动在荒漠化过程中各自的作用程度和趋势。

这里我们特别关注的是如何建立横向的、动态的、气候的基准。实际上，建立横向基准的过程就是所谓的“潜在自然植被模拟”或者“预测性植被制图”。

7.1.2 潜在自然植被

Reinhold Tüxen 于 1956 年提出了“潜在自然植被”的概念。潜在自然植被（potential natural vegetation，PNV）是假定植被全部演替系列在没有人为干扰、在现有的环境条件下（如气候、土壤条件，包括由人类所创造的条件）完成时，立地应该存在的植被。PNV 不一定是植被现状，而是一种与它所处立地达到一种平衡的演替终态，一旦人类的干扰停止后即可达到的演替顶极。PNV 可以是多元顶极论中的气候顶极、土壤顶极、地形顶极或火烧顶极，也可以是单元顶极论中的亚顶极、偏途顶极、前顶极或超顶极。无论是哪一种顶极植被类型，都是和当地气候条件保持协调和平衡的群落，与环境之间达到了很好协调（刘华民等，2004）。有学者认为，PNV 是生态系统严重破坏地区植被恢复的参照标准（赵传燕等，2007；索安宁等，2007）。

伴随着 PNV 研究的开展，20 世纪 70 年代以后，产生了一种新的植被制图方法，这就是所谓的预测性植被制图（predictive vegetation mapping，PVM）。PVM 大体上可分为两类。一类是基于统计的方法；另一类是基于过程的方法。

（1）基于统计的方法

基于统计的方法是通过 GIS 对可制图的环境变量（如气温、降水、土壤类型等）与典型样地调查所得的植被类型间建立起某种数学关系，以此来认知更大范围空间内的植被分布状况。当使用取自成熟稳定的自然植被或“顶极”植被的立地环境变量数据对 PVM 模型参数进行校准后，PVM 所反映的即为自然植被（天然状态下）与所处环境间的一种定量关系，模型运行后得到的结果即是 PNV 的地理分布格局（Franklin，1995）。

Brzeziecki 等（1993）选取气候、地形和土壤等因素，建立了植物群落与选择因子的概率模型，结合 GIS 技术模拟了瑞士山区 71 种森林群落的地理分布，与实际植被的空间分布相比较，相似率可达 80%。Fischer（1990）在瑞士山区也做过同样的工作，只是在选取的变量中增加了太阳辐射和土地利用类型。Guisan 等（1998）利用年平均温度与山地植物种的线性关系模拟了瑞士 Valais 地区的高山植物种的空间分布，获得了高分辨率的物种分布图。Brown（1994）在美国与加拿大边界的冰川国家公园对四种植被类型进行模拟，并与基于 Landsat TM 的植被分类相比较，相似性达 55.5%。Dymond 等（2002）在加拿大 Kananaskie 河流域利用土壤水分、温度和太阳辐射模拟了植被的空间格局，精确性达 60%～79%。刘纪元等（1998）将气温、降水、高程三个影响区域植被覆盖的主要指标经 GIS 空间化后，生成数字地学影像并使之与经过优化压缩处理后的 NOAA/AVHRR 数据进行复合，对我国东北植被现状进行综合分类。张百平等（2003，2006）将地理信息技术应用于山地植被分布研究，通过构建山地垂直带谱数据结构，实现了垂直带谱数字化。赵传燕等（2006，2007）分别在黑河流域的祁连山区和祖厉河流域成功地反演青海云杉林和草地覆盖度的潜在分布。

（2）基于过程的方法

基于过程的方法是近年发展起来的，同样借助于 GIS 对环境变量的表达，但直接从植物功能型（Plant functional types，PFTs）的生态生理限定性出发来研究植被的潜在分布和动态。典型模型有 MAPSS（Neilson et al.，1994；Neilson，1995）、BIOME 系列（Prentice et al.，1992；Haxeltine et al.，1996）及其动态发展 LPJ-DGVM（Sitch et al.，2000）等。赵茂盛（2002）和倪健（2000）分别应用 MAPSS 和 BIOME3 模拟过中国的潜在植被类型分布。此类模型总体上处于初期阶段，一般用于全球尺度的粗略模拟。

7.2 基于 CSI 的潜在 NDVI 获取

7.2.1 原理和假设

PVM 或者 PNV 模型中的因变量可以是定量的，如植被盖度、物种丰富度或植被指数等，也可以是定性的，如物种的存在或缺失、植被的类型；自变量可以是定量的，如降水、温度、干燥度、高程、坡度等，也可以为定性的，如土壤类型、土壤特性、放牧历史等。当 PNV 或者 PVM 模型的因变量为植被指数时，预测结果便是“潜在植被指数”。

本书在第 1 章已经指出，本研究的主要目的是探索基于植被指数和气候数据时间序列的荒漠化监测新方法，与已有的 RUE 法、RES 法最大的不同之处在于其采用横向基准而不是纵向基准。这里，横向基准等价于潜在植被指数。

潜在植被指数已逐渐出现在生态系统功能评价的相关研究之中（Boer et al.，2003；Boer et al.，2005；赵传燕等，2007；孙建国等，2008b；Sun et al.，2007），并必将随环境系列制图和地理信息系统的发展而不断得到广泛应用。然而，和其他 PNV 或者 PVM 的研究一样，潜在植被指数的获得面临诸多的实际困难，最突出的障碍是自然植被样本点极为有限且获取困难。Stoms（2000）以美国西部为例，将自然保护区看作自然植被来建立 NDVI-气候因子空间关系模型；索安宁等人（2007）使用地面调查方式获得黄土高原泾河流域的自然植被样本点。世界上大部分地方的自然植被保存不多，且地面调查方式需要耗费大量人、财、物力，主观随意强。

结合本书前面章节的有关结论和其他学者的研究成果，给出以下两个假设条件，从而简化潜在植被指数的提取过程。

① 假定控制潜在植被指数的气候条件（降水和气温）可以用 CSI 这一综合变量来表达。在本书第 5 章已经说明了这一假定的合理性。需要指出，CSI 的计算建立在 NDVI 对降水的最强响应时段之上。

② 假定气候是控制潜在植被指数的唯一因素。虽然，纵观潜在自然植被的整个研究过程，单纯将气候作为模型自变量的方法正在逐渐被将多种环境变量作为模型自变量的方法所取代，但是，从较大空间尺度的研究来看，前者比后者在使用上有更大的方便性。在已经识别出“地带性区域”的基础上，将潜在植被指数预测模型的自变量限定为气候因子而获得“气候潜在植被指数”或者“气候基准”，对于植被/土地退化的评价和监测具有现实意义。

7.2.2 潜在 NDVI 的获取方法

潜在 NDVI 的获取及其在土地退化监测中的应用是针对地带性区域。地带性区域的识别已经在本书第 6 章中完成。

在前面的两个假设条件下，潜在 NDVI 就是特定 CSI 所对应的最大 NDVI。参照 Boer 等人的方法（Boer et al.，2003；Boer et al.，2005），用 NDVI-CSI 二维坐标空间散点分布的上边界模拟函数来表达潜在 NDVI。

① 用研究区内所有地带性像元的 CSI 和 ΣNDVI 绘制散点分布图[图 7-1（a）]；

② 将散点按其 CSI 值大小，划分到散点数相同的 k 个类别，每个类别中散点 CSI 值的平均值记为 CSI_k；

③ 每个类别的散点中，选取 ΣNDVI 值较大的 h%（h 视情况人为设定）散点并求其 ΣNDVI 平均值，记为 $\Sigma NDVI_k$；

④ 最后选用适当类型的函数（记为 f）来拟合这 k 个点（CSI_k，$\Sigma NDVI_k$）的分布趋势，即是潜在 ΣNDVI（记为 PΣNDVI）随 CSI 变化的函数表达[图 7-1（b）]：

$$P\Sigma NDVI = f(CSI) \tag{7-1}$$

值得说明的是，f 和 h 的确定需要经验确定。为区别于 PΣNDVI，下文中将实际ΣNDVI 记为 AΣNDVI。

当以上方法中的 AΣNDVI 和 CSI 取多年平均值时，结果 PΣNDVI 为多年平均潜在 NDVI；当 AΣNDVI 和 CSI 取某年度值时，结果 PΣNDVI 为该年度潜在 NDVI。

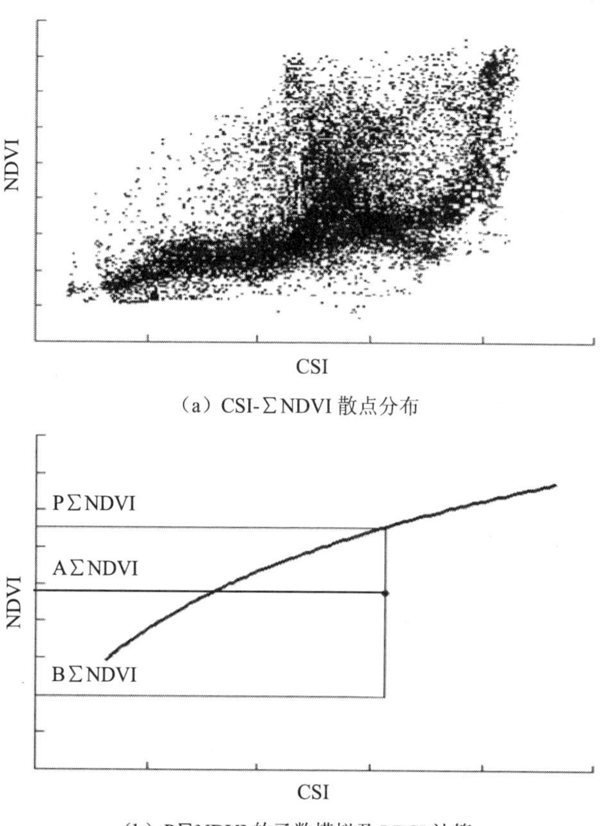

（a）CSI-ΣNDVI 散点分布

（b）PΣNDVI 的函数模拟及 LDSI 计算

图 7-1　潜在ΣNDVI 和土地退化现状指数提取示意图（以 1998 年为例）

7.3 土地退化现状指数和土地退化动态指数

7.3.1 土地退化现状指数

像元实际植被指数 A∑NDVI 和预测的潜在植被指数 P∑NDVI、裸地植被指数（B∑NDVI）三者之间的对比关系反映了土地退化现状[图 7-1（b）]。于是，我们可以定义土地退化现状指数（LDSI）为：

$$\text{LDSI} = (\text{A}\Sigma\text{NDVI}-\text{B}\Sigma\text{NDVI}) / (\text{P}\Sigma\text{NDVI}-\text{B}\Sigma\text{NDVI}) \quad (7\text{-}2)$$

可以看出，绝大多数像元的 LDSI 将介于 0～1，值越大，表示土地退化程度越轻。当 P∑NDVI<B∑NDVI 时，LDSI 无意义。NDVI 为 0.1 被公认为无植被覆盖，因此 B∑NDVI=n×0.1（n 为∑NDVI 对应的累加次数，就本研究而言，VGT ∑NDVI 对应的 n 为 21，AVHRR ∑NDVI 对应的 n 为 14）。

与 P∑NDVI 一样，LDSI 可以是年度值，也可以是多年平均值。无论是多年平均 LDSI 还是年度 LDSI，它们都可以反映人为因素导致的土地退化现状，但从理论上讲，后者构成的年际序列对土地退化动态中人为因素影响的指示则更为可靠，因为气候以外的其他环境因子（如土壤类型、坡度、坡向等）在时间上变化并不显著。这也正是本研究重点强调动态监测而非现状评价的理论依据。

7.3.2 土地退化动态指数

土地退化现状指数（LDSI）在一定程度上消除了气候因素的影响，具有表征植被/生态系统退化程度的明确含义，但包含地形、土壤、人类活动等因素的贡献。对于一个固定的地点/像元来讲，地形、土壤等因素是植被覆盖年际变化的非活跃因素。因此，像元每年 LDSI 的年际变化趋势可以反映植被覆盖年际变化中人为因素的强度与方向，这里称之为土地退化动态指数（LDDI）。即：LDDI 是像元逐年 LDSI 和年份之间回归直线的斜率，其正/负符号表示人为因素对土地退化的正向/反向作用，其绝对值大小反映人为因素对植被的作用强度。在人类干扰轻微的情况下，LDSI 年际变化应该围绕平均值呈现出随机变化特征[图 7-2（a）]。如果 LDSI 的年际变化呈现显著下降趋势（即 LDDI 为负值），表明人类活动造成了植被退化[图 7-2（b）]；反之，则认为人类活动引起了植被的恢复[图 7-2（c）]。

特别地，若某像元任一年度 LDSI 无意义，则该像元标不予计算 LDDI。

为方便叙述，下文中将该方法简称为 LDDI 法。

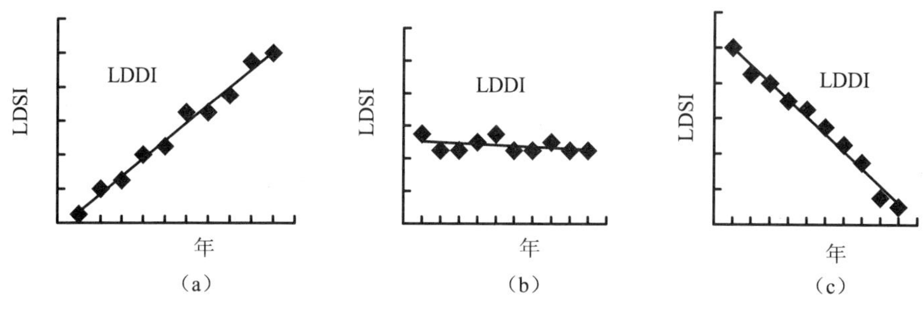

图 7-2　土地退化动态指数（LDDI）示意图

7.4　结果及其验证

本节使用 VGT NDVI 数据（1998—2006 年）提取榆林市的潜在 NDVI，利用 LDDI 方法监测其土地退化动态并进行验证。

7.4.1　潜在 NDVI

利用 LDSI 和 LDDI 进行土地退化现状评价和动态监测，关键在于潜在植被指数的提取，其中需要人为确定参数 k 和 h 以及用来表达潜在植被指数 P∑NDVI 的最适宜的函数类型。实验表明，在 $k>20$ 和 $h<20$ 的情况下，P∑NDVI 的函数类型和系数对 k、h 的取值不敏感。本研究实验中 $k=24$，$h=10$，用∑NDVI−∑R 特征空间中散点上边界提取到的各年度 P∑NDVI 函数表达式及其决定系数 R^2 如下：

1998 年度：P∑NDVI= 1.756 8 ln（CSI）+ 7.367 8　　$R^2 = 0.827\,2$

1999 年度：P∑NDVI= 2.412 1 ln（CSI）+ 10.557　　$R^2 = 0.875\,9$

2000 年度：P∑NDVI= 1.890 3 ln（CSI）+ 7.669 5　　$R^2 = 0.930\,1$

2001 年度：P∑NDVI= 2.774 1 ln（CSI）+ 12.646　　$R^2 = 0.887$

2002 年度：P∑NDVI= 2.850 1 ln（CSI）+ 13.224　　$R^2 = 0.873\,7$

2003 年度：P∑NDVI= 2.359 5 ln（CSI）+ 11.039　　$R^2 = 0.940\,7$

2004 年度：P∑NDVI= 2.993 1 ln（CSI）+ 14.02　　$R^2 = 0.827\,5$

2005 年度：P∑NDVI= 2.035 8 ln（CSI）+ 8.581 6　　$R^2 = 0.823\,5$

2006 年度：P∑NDVI= 2.146 5 ln（CSI）+ 9.744 3　　$R^2 = 0.865\,4$

可见，P∑NDVI 和 CSI 之间存在对数函数关系。若将 CSI 看作降水量（降水和气温对 CSI 指标的贡献成分分别为 0.875 和 0.125），则上述关系与其他研究表明的空间上植被指数与降水量之间存在近似对数函数关系（周涛等，2003；Milich et al.，2000）的结论吻合。

若将 ln（CSI）看作变量，则各年度 P∑NDVI-ln（CSI）直线具有明显不同的斜率与截距，这正是降水以外环境影响因子作用的直接体现，如气温升高对植被活动的抑制作用，传感器本身的老化或换代等；同时也意味着 LDSI 及其年际变化趋势 LDDI 可以避免上述因子引起的植被指数整体上的增减对土地退化现状评价和监测所带来的不确定性，甚至使多种传感器数据源的联合使用变得方便易行。

研究区没有出现 $P\Sigma NDVI < B\Sigma NDVI$ 的情况，即所有像元都能计算 LDSI 和 LDDI，这从一个侧面验证了潜在植被指数提取方法的合理性。

7.4.2 土地退化动态监测结果及其验证

本小节利用前文中定义的 LDDI 监测榆林市的土地退化动态，并进行验证。验证分别采用了对比验证和统计验证。对比验证是将 LDDI 法和已有的 RUE 法、RES 法的监测结果做对比分析。统计验证是指通过收集研究区的相关统计资料对监测结果进行分析。

RUE 法、RES 法在本书第 2 章已做详细介绍。应特别指出的是，这里 RUE 和 RES 的计算中，植被因子和气候因子的取值均与 LDDI 的计算过程一致，即代表植被生产力的 NDVI 是 4～10 的逐旬累加值；降水和气温分别是上一年 4 月至当年 10 月的总量和平均值，但不必进行 LDDI 方法中的标准化处理。

（1）三种方法监测结果的相似性

监测结果的可视化表达如图 7-3 所示，分级显示方式均采用标准差法。三种方法对研究区近 9 年来土地退化/恢复的监测结果非常相似：监测的平均值均为正（分别为 0.004 15、0.020 2 和 0.008 6）；RUE 和 RES 监测结果的相关系数为 0.977，LDDI 监测结果与前两者的相关系数分别为 0.787 和 0.729；监测结果在空间格局上均体现出两个较大的高值区（图中 H_1 和 H_2）和两个较大低值区（图 7-3 中 L_1 和 L_2）。

相关研究已经表明 RUE、RES 方法对区分土地退化/恢复的气候因素和人为因素具有一定的可靠性（Wessels et al.，2007；曹鑫等，2006），本研究实验又显示三种方法的监测结果比较相似，因此我们可以做出如下结论：RUE、RES 和 LDDI 三种方法对区分土地动态的气候因素和人为因素均有一定的能力；研究区生态状况整体上趋于改善，生态恢复与重建工作有明显成效；相对而言北部风沙草滩区整体趋于恶化，而南部的黄土高原丘陵沟壑区趋于改善；生态改善的核心区为西部的定边县、靖边县和横山县（图 7-3 中 H_1 区）和神木县东南部（图 7-3 中 H_2 区），生态恶化的核心区位于毛乌素沙地边缘带中部（图 7-3 中 L_1 区）和米脂县东部、佳县南部（图 7-3 中 L_2 区）。上述针对研究区的定性分析，与孙智辉等人的研究结论完全一致（孙智辉等，2006）。

108°0'0"E
110°0'0"E
0 20 40 80 120
km
图例
边界
值
高：0.018 999
低：-0.016 146
39°0'0"N
37°0'0"N
L1
L2
H1
H2

（a）RUE 法

108°0'0"E
110°0'0"E
0 20 40 80 120
km
图例
边界
值
高：0.109 229
低：-0.091 241
39°0'0"N
37°0'0"N
L1
L2
H1
H2

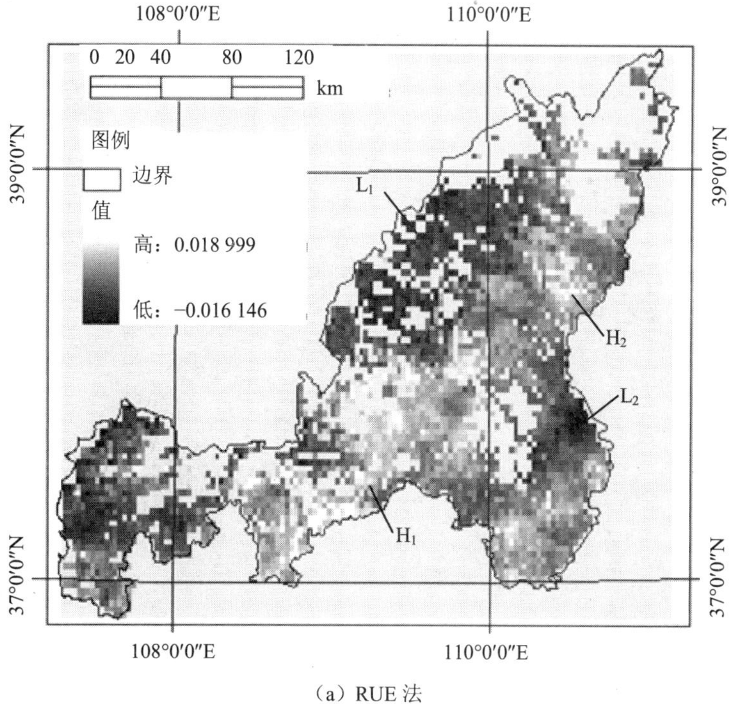

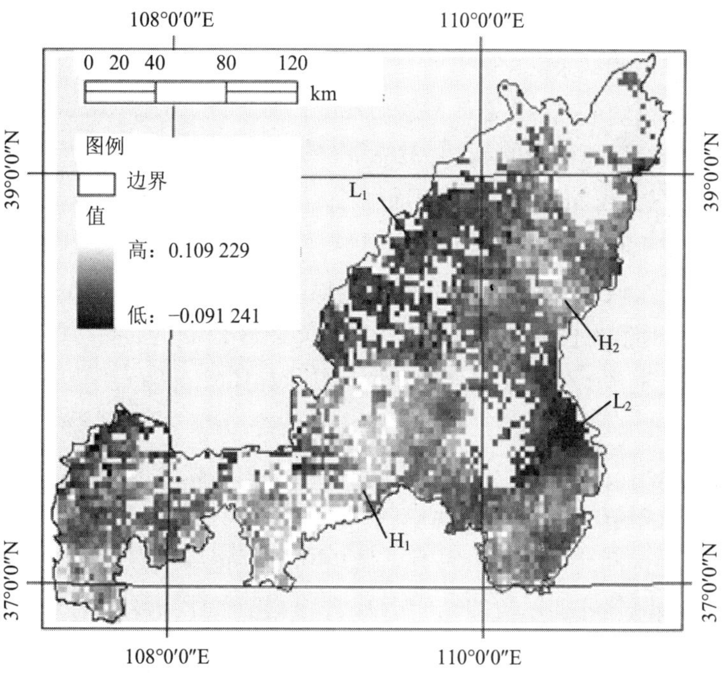

（b）RES 法

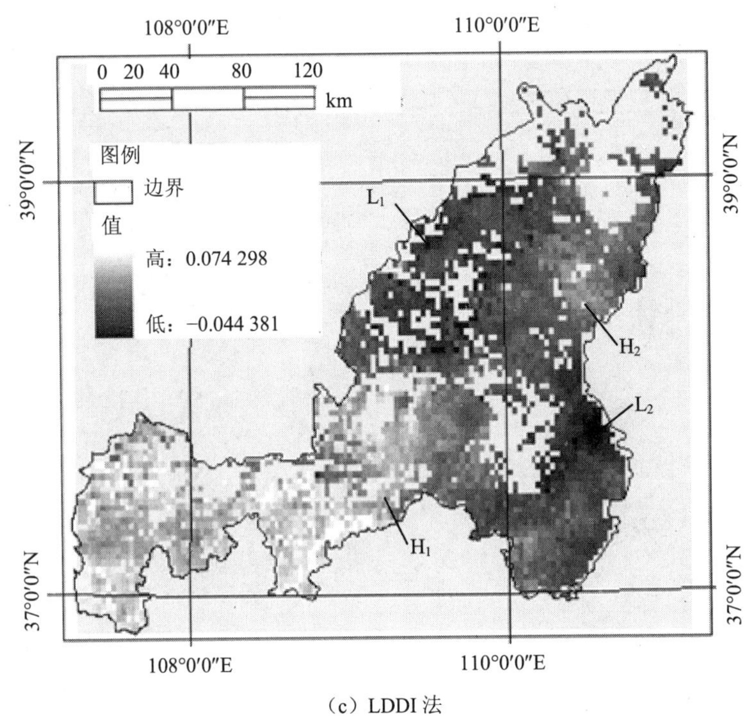

（c）LDDI 法

图 7-3　三种方法监测结果的相似性

（2）三种方法监测结果的差异性

若将正、负区域分别视为生态改善和恶化区，则 RUE、RES 和 LDDI 方法识别的生态改善区分别占研究区总面积的 84%、82%和 65%。因此对于研究时段内的研究区而言，RUE 和 RES 方法较之 LDDI 方法标识了更多的生态改善区。

为进一步识别三种方法对人为因素作用强度（包括正向和负向）的监测结果差异，我们对三种监测结果取绝对值，绝对值越大，代表人类因素作用越强，反之则越弱。以 LDDI 监测值的绝对值为自变量，分别以 RUE 和 RES 监测值的绝对值为因变量进行回归分析，计算因变量预测值和实际值的差值，结果如图 7-4（a）、图 7-4（b）所示（图 7-4 中（a）、（b）和（c）分别指三种方法监测值的绝对值。图 7-4（a）、图 7-4（b）中的预测值指以|LDDI|为自变量，分别以|RUE|、|RES|为因变量的一元线性回归估计值。图例中的数值为原始值的 1 000 倍）。由图 7-4 可以看出，相对于 RUE 和 RES 方法，LDDI 方法认为研究区西部和北部的人为因素更强（预测值和实际值的差值大），而东南部的人为因素更弱（预测值和实际值的差值小）。此格局与 8 年内降水量平均值的空间分布[图 7-4（c）]一致，这从一定程度上表明：降水量在空间上的梯度变化导致不同的 RUE 变化幅度和不同的植被指数-降水回归残差，削弱了前两种方法的监测结果在空间上可对比性。

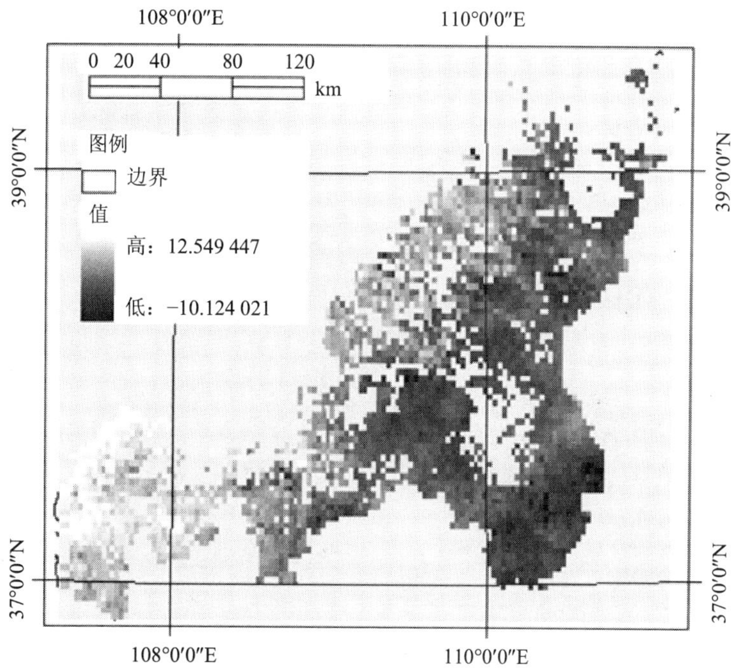

（a）|RUE|预测值与实际值之差

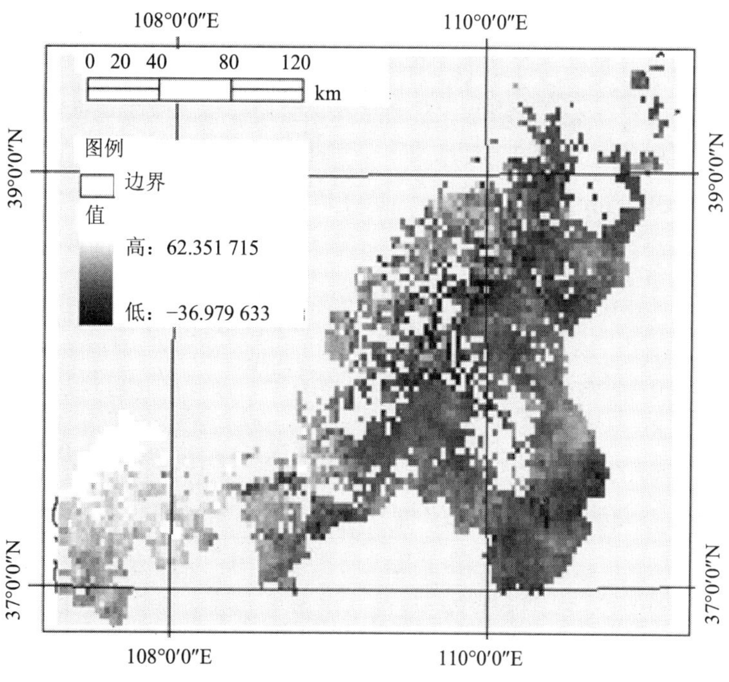

（b）|RES|预测值与实际值之差

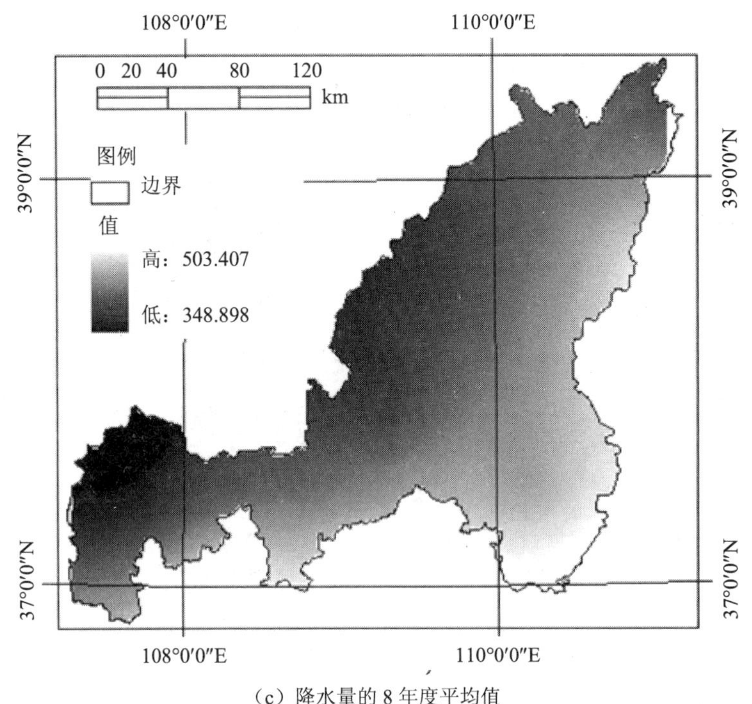

（c）降水量的 8 年度平均值

图 7-4 三种方法监测结果的差异性

（3）利用统计资料进行验证

由于没有研究区人类活动导致的土地退化状况的权威检验资料，我们收集了 1996—2003 年研究区域各县（区）年末的退耕还林草面积和牲畜总头数的统计数据（图 7-5），用来对 LDDI 的监测结果进行初步的验证。之所以收集这两项数据，是基于我们对研究区土地退化/恢复主要人为因子的判断。其中牲畜总头数包括大牲畜（牛、马、驴和骡等）和小牲畜（绵羊和山羊），并根据 1 头大牲畜等于 5 只羊单位的比例换算为标准羊单位。由于米脂县和府谷县的大部分地区被识别为非地带性区域而没有 LDDI 取值，故不使用这两个县的数据。

可以看出，在 1996—2003 年间，榆林市的退耕还林草面积逐渐增加，其中定边县最为显著，且在 2001 年达到高峰[图 7-5（a）]；标准羊单位的变化不甚明显，但榆阳区和定边县分别有显著的增加和减少趋势[图 7-5（b）]。上述分析表明，该区退耕还林草政策的实施对土地恢复和生态环境的良性发展起到了比放牧压力更重要的作用。在退耕还林草面积显著增加和标准羊单位显著减少的双重作用下，定边县成为该区内土地恢复趋势最好的县，而榆阳区由于标准羊单位的急剧增加而成为该区内土地退化最强烈的主要区域。因此，尽管统计数据不能反映统计单元内部的差异，但从统计单元分辨率水平上看，这些数据所反映的情况与前文得出的人为因素导致的退化程度空间分布[图 7-3（c）]基本一致。

图 7-6 为榆林市各县（区）退耕还林草趋势和标准羊单位趋势与 LDDI 的关系。退耕还林草趋势和标准羊单位趋势分别是相应年份对退耕还林草面积和标准羊单位拟合趋势线的斜率。可以看出，退耕还林草趋势和标准羊单位趋势与 LDDI 之间分别有明显的正向和负向关系。但是，吴堡、佳县、榆阳和绥德四县（区）（图 7-6（a）中横坐标下的四点）在退耕趋势较好的情况下仍然表现为比较严重的土地退化，而靖边、子洲和神木（图 7-6（b）中第一象限中的三点）在放牧压力增加的趋势下取得了较好的土地退化逆转成效，这些都表现出两种基本人为因素以及其他自然环境和社会经济因素对土地退化/恢复影响的复杂性，需要在将来的工作中进一步研究。

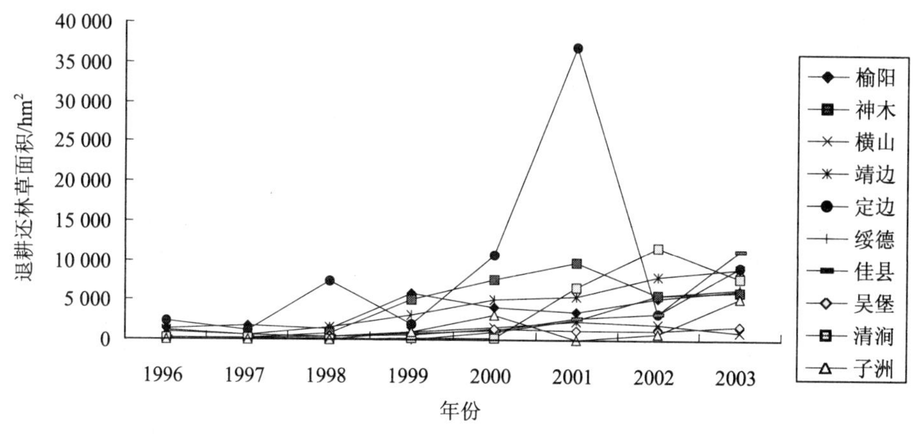

（a）退耕还林还草面积

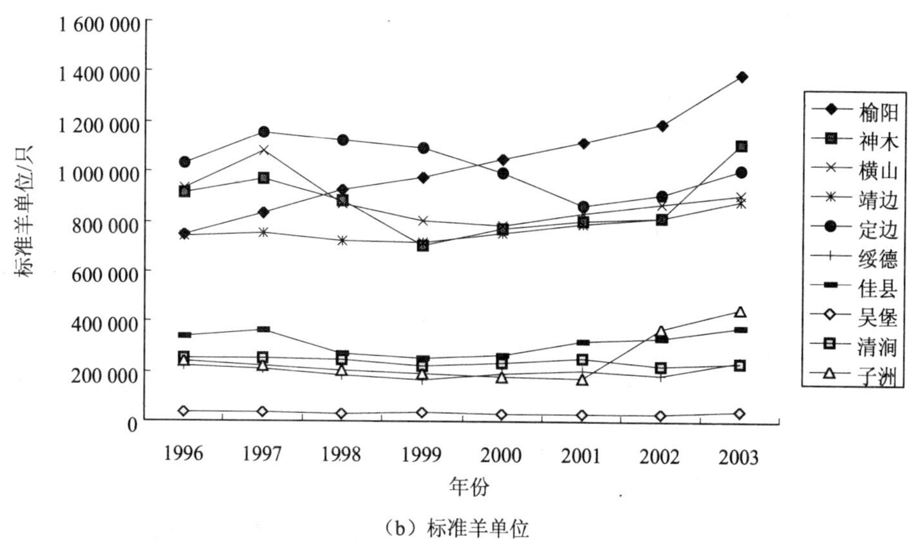

（b）标准羊单位

图 7-5　1996—2003 年榆林市各县（区）退耕还林草面积和标准羊单位

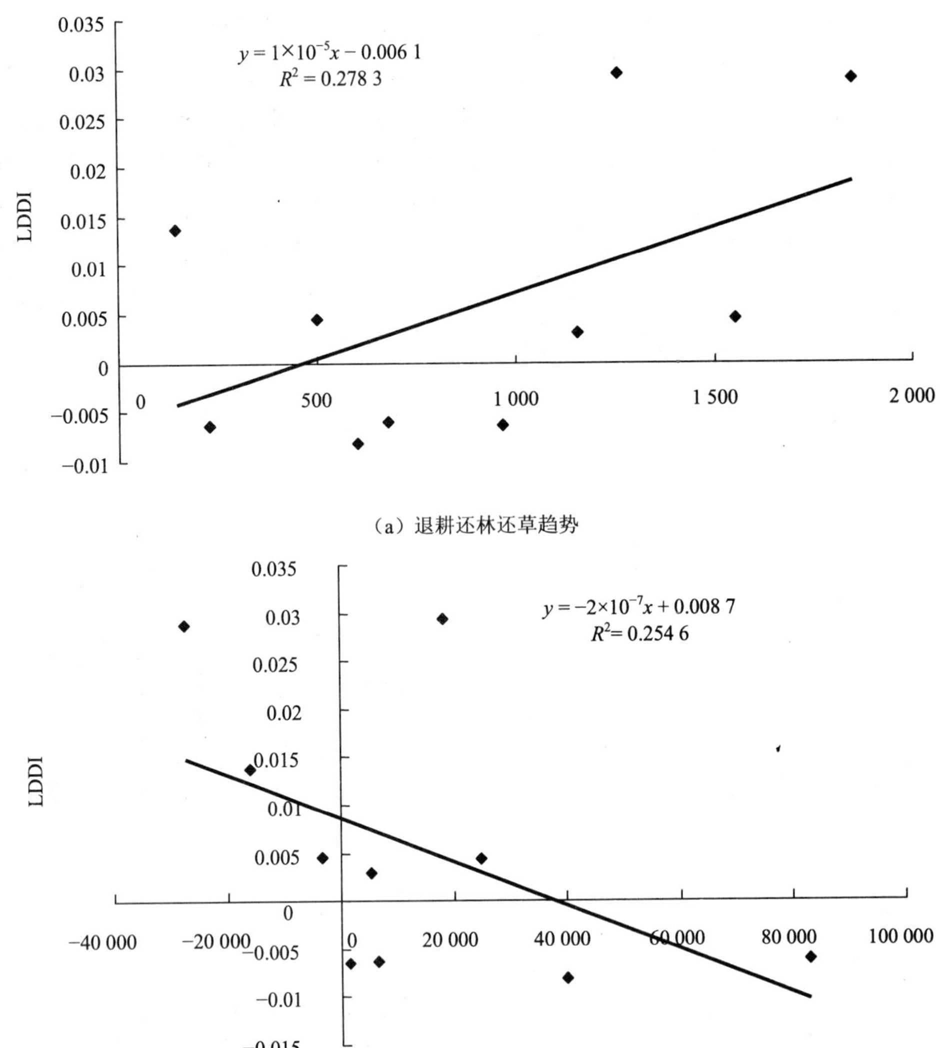

(a) 退耕还林还草趋势

(b) 放牧趋势

图 7-6 榆林市各县（区）退耕还林草趋势和标准羊单位趋势与 LDDI 的关系

7.5 小结

同其他环境变化的评价一样，荒漠化评价必须基于某一确定的参照点，即评价“基准”。不同的学者采用了不同的基准，甚至有些学者避开或淡化这一基本问题，是造成评价和监测工作广泛开展而令人信服的成果为数不多的重要原因。

理论上的基准是存在的，实际应用中基准却很难确定。归纳起来，荒漠化评价基准的确定需要根据评价目标、获取数据的特征和评价区域的地理特征等具体情况做出以下四个方面的选择：① 绝对基准和相对基准；② 纵向基准和横向基准；③ 气候基准和环境基准；④ 静态基准和动态基准。本章特别关注的是如何建立横向的、动态的、气候的基准。

建立横向基准的过程就是所谓的“潜在自然植被模拟”（PNV）或者“预测性植被制图”（PVM）。当 PNV 或者 PVM 模型的因变量为植被指数时，预测结果便是“潜在植被指数”。

和其他 PNV 或者 PVM 的研究一样，潜在植被指数的获得面临诸多的实际困难，最突出的障碍是自然植被样本点极为有限且获取困难。本章给出了两个假设条件，从而简化潜在植被指数的提取过程：①假定控制潜在植被指数的气候条件（降水和气温）可以用 CSI 这一综合变量来表达；②假定气候是控制潜在植被指数的唯一因素。

在前面的两个假设条件下，潜在 NDVI 就是特定 CSI 所对应的最大 NDVI。用 NDVI-CSI 二维坐标空间散点分布的上边界模拟函数来表达潜在 NDVI。

像元实际植被指数 AΣNDVI 和预测的潜在植被指数 PΣNDVI、裸地植被指数（BΣNDVI）三者之间的对比关系反映了该年度内反映了土地退化的现状。据此定义了土地退化现状指数（LDSI）为：

$$LDSI = (A\Sigma NDVI - B\Sigma NDVI) / (P\Sigma NDVI - B\Sigma NDVI)$$

LDSI 在一定程度上消除了气候因素的影响，具有表征植被/生态系统退化程度的明确含义，但包含地形、土壤、人类活动等因素的贡献。像元 LDSI 的年际变化趋势可以反映植被覆盖年际变化中人为因素的强度与方向，称之为土地退化动态指数（LDDI），其正/负符号表示人为因素对土地退化的正向/反向作用，其绝对值大小反映人为因素对植被的作用强度。

由于缺少用于结果检验的定量化权威数据，我们使用了两种间接的方法对试验结果进行验证。一是对三种方法的结果进行对比，二是利用统计数据进行初步分析。得出如下结论：

① RUE、RES 和 LDDI 三种方法对区分土地的气候因素和人为因素均有一定的能力；LDDI 方法优于已有的 RUE 和 RES 方法。

② 降水量在空间上的梯度变化导致不同的 RUE 变化幅度和不同的植被指数-降水回归残差，这使 RUE、RES 方法的评价结果在空间上的可对比性降低；LDDI 方法在克服上述局限性的同时，具有考虑降水量以外的其他气候变量的可扩展性，以及使多种传感器数据源的联合使用成为可能的优点。

③ 研究区土地退化状况整体上趋于改善，生态恢复与重建工作具有明显成效。

④ 退耕还林还草政策的实施对土地恢复和生态环境的良性发展起到了比放牧压力更重要的作用。在退耕还林还草面积显著增加和标准羊单位显著减少的双重作用下，定边县成为该区内土地恢复趋势最好的县，而榆林市由于标准羊单位的急剧增加而成为该区内土地退化最强烈的区域。

LDDI 的不足之处在于几个参数需要人为设定，这要求研究人员对研究区地理特征应有相当程度的了解。RUE 和 RES 方法则较为简单，不需要参数的人为设置。

第 8 章　结论和展望

8.1　结论

土地退化（荒漠化）是当今人类社会面临的严重环境问题之一，土地退化的防治已成为一个全球行动的优先领域。科学有效的土地退化监测和评价是土地退化防治的基础。20 世纪 80 年代以来，国际社会使用各种指标和方法进行了大量的监测和评价工作，但人们对土地退化现状、动态和危险性的认知并没有因此而显著增加，一个非常重要的原因在于研究人员着重于评价指标体系的讨论而忽略了区分土地退化过程中气候变化和人类活动各自的影响成分。

区分土地退化过程中气候变化和人类活动各自的影响成分是一件极为困难的事情，既受理论水平的制约，又有数据方面的束缚。同时，它也是土地退化监测研究中当前和未来一段时期关注的焦点。遥感和 GIS 为土地退化评价和监测提供了不可或缺的数据基础和技术支撑。在忽略“土地退化-气候变化-人类活动”之间复杂反馈关系的理论假定下，植被指数和气候数据相结合的分析方法为大空间尺度上土地退化监测提供了一条低数据成本的可行途径，显示了比较诱人的应用前景。目前，该领域的研究主要侧重于时间序列的分析，而在很大程度上忽略了空间格局的讨论。

在前人研究成果的基础上，以榆林市为例，对基于植被指数和气候数据时间序列分析的土地退化监测开展了一系列基础性和应用性研究，得出了几项重要结论。

（1）空间数据不确定性严重制约土地退化监测结果的可靠性

这里，空间数据不确定主要指植被指数（NDVI）时间序列的质量和气候数据空间插值的精度。

（2）榆林市植被与气候因子的年际变异紧密相关

20 多年来，植被动态可分为逐步增强、相对稳定和相对不稳定三个阶段。整体来讲，植被活动虽有增强，但并不显著，且渐趋较大的波动。

较之气温，降水直接影响植被的年际波动，且存在大约一年时间的滞后现象。降水季节分配的变化不明显，对植被的影响也可以忽略。

持续的气温升高对植被活动的促进作用和抑制作用同时并存，抑制作用可能有大约 10 年的滞后效应。监测和评价人类活动对土地退化及其逆转的作用性质和程度，就必须顾及气温变化对植被活动影响的长效性和阶段性。现有的 RUE 法、RES 法对此尚没有很好的解决途径。

（3）榆林市植被与气候因子的空间格局紧密相关

榆林市植被和降水分布格局整体一致，均呈从东南向西北递减的空间梯度。气温分布既受纬度控制，又受海拔高度影响，分别在西南部的较高海拔地区和北部的较高纬度地区形成低温分布。

降水和气温对植被具有相反的作用；降水多少和气温高低所决定的水分收支状况是控制本区植被活动的主导因素，热量条件并不限制植被生长。降水和气温对植被的影响程度不同，前者强于后者。使用单一的降水或者干燥指数解释植被生产力空间格局都有一定局限性。

新定义的气候适宜性指数（$CSI = 0.875 \times P - 0.125 \times (T - 1)$）充分反映了榆林市降水和气温对植被活动空间格局控制作用的非平等性，对植被活动的解释能力优于常用的干燥指数或者降水量。

（4）基于类型变量空间相关关系测度的“地带性区域”识别方法，简便而有效

类型变量空间相关关系测度的基本思想是用现实分布与随机分布下相对重叠度的差异来表达类型之间的相关程度。该方法基于栅格数据来描述，兼顾了地图空间变量的位置特征与属性类别组合关系。定量变量的类型化（定性）处理使信息大量损失，却为空间相关关系的计算带来方便。

利用类型变量空间相关关系识别的地带性区域和非地带性区域与实际情况基本吻合。分类方法、类型数目的多少影响到计算结果。边界效应（不是指地理空间的边界，而是指植被和气候条件的上下边界）和空间数据的不确定性也会造成判别错误。适当扩大计算的空间范围、提高气候数据的空间内插精度是减少错误的有效途径。

（5）基于 CSI 的潜在植被指数年际序列可以作为研究区土地退化监测的动态基准

采用 RUE、RES 和 LDDI 三种方法对区分土地的气候因素和人为因素均有一定的能力；LDDI 方法优于已有的 RUE 和 RES 方法。

降水量在空间上的梯度变化导致不同的 RUE 变化幅度和不同的植被指数-降水回归残差，这使 RUE、RES 方法的评价结果在空间上的可对比性降低；LDDI 方法在克服上述局限性的同时，具有同时考虑降水和气温影响的优势，而且使多种 NDVI 数据源的联合使用成为可能。

研究区土地退化状况整体上趋于改善，生态恢复与重建工作具有明显成效。退耕还林草政策的实施对土地恢复和生态环境的良性发展起到了比放牧压力更重要的作用。在退耕还林还草面积显著增加和标准羊单位显著减少的双重作用下，定边县成为该区内土地恢复趋势最好的县，而榆阳区由于标准羊单位的急剧增加而成为该区内土地退化最强烈的区域。

8.2 展望

本研究对基于植被指数和气候数据的土地退化监测进行了有益探索，但还尚有诸多不足之处，这也将是今后进一步研究的主要方向。

（1）土地退化至少包含了植被退化和土壤退化相互作用又相互联系的两方面，并不是所有的土地退化过程都表现出植被指数所反映的植被盖度或者植被生产力的明显下降，如灌溉耕地的产量下降、生物多样性的变化、牧草可食性的转变以及草地灌丛化等，这需要多源多分辨率遥感数据的结合使用，或者辅以更多的野外调查工作。

（2）本研究从整体上考察了榆林市近 20 多年来 NDVI 与气候因子的年际变异及其关系，没有进一步分析这种变异及其关系的空间格局。NDVI 响应气候因子的滞后特征只是在区分生长季和非生长季的情况下，即大约半年的时间间隔下进行，没有做更小时间间隔下的分析。这对 CSI 的定义、基于 CSI 的潜在植被指数及其在土地退化监测中的应用都有一定的影响。

（3）新定义的气候适宜性指数 CSI 能否在其他干旱半干旱地区使用还须进行验证。另外，该指数的定义没有考虑降水和气温对植被活动的非线性特征，也没有顾及空间自相关问题。

（4）由于缺少用于结果检验的权威数据，本研究将 LDDI 法和已有的 RUE 法、RES 法的监测结果进行对比，并根据前人的研究结论，做了初步的定性和定量分析，以显示 LDDI 法的可靠性。另外，也使用了部分统计数据进行结果验证。翔实的地面调查是今后进一步研究的重要基础。

（5）已有方法（如 RUE、RES）和本研究提出的 LDDI 方法实际上都是针对“地带性区域”，对于“非地带性区域”土地退化中人为因素影响趋势的定量监测基本上还是一项空白。

8.3 附录

表1　土地资源分类系统（中国科学院地理科学与资源研究所）

一级类型		二级类型		含义
编号	名称	编号	名称	
1	耕地	—	—	指种植农作物的土地，包括熟耕地、新开荒地、休闲地、轮歇地、草田轮作地；以种植农作物为主的农果、农桑、农林用地；耕种三年以上的滩地和滩涂
		11	水田	指有水源保证和灌溉设施，在一般年景能正常灌溉，用以种植水稻、莲藕等水生农作物的耕地，包括实行水稻和旱地作物轮种的耕地
		12	旱地	指无灌溉水源及设施，靠天然降水生长作物的耕地；有水源和浇灌设施，在一般年景下能正常灌溉的旱作物耕地；以种菜为主的耕地，正常轮作的休闲地和轮歇地
2	林地	—	—	指生长乔木、灌木、竹类，以及沿海红树林地等林业用地
		21	有林地	指郁闭度＞30%的天然木和人工林。包括用材林、经济林、防护林等成片林地
		22	灌木林	指郁闭度＞40%、高度在 2 m 以下的矮林地和灌丛林地
		23	疏林地	指疏林地（郁闭度为 10%～30%）
		24	其他林地	未成林造林地、迹地、苗圃及各类园地（果园、桑园、茶园、热作林园地等）
3	草地	—	—	指以生长草本植物为主，覆盖度在 5%以上的各类草地，包括以牧为主的灌丛草地和郁闭度在 10%以下的疏林草地
		31	高覆盖度草地	指覆盖度在＞50%的天然草地、改良草地和割草地。此类草地一般水分条件较好，草被生长茂密
		32	中覆盖度草地	指覆盖度在 20%～50%的天然草地和改良草地，此类草地一般水分不足，草被较稀疏
		33	低覆盖度草地	指覆盖度在 5%～20%的天然草地。此类草地水分缺乏，草被稀疏，牧业利用条件差
4	水域	—	—	指天然陆地水域和水利设施用地
		41	河渠	指天然形成或人工开挖的河流及主干渠常年水位以下的土地，人工渠包括堤岸
		42	湖泊	指天然形成的积水区常年水位以下的土地
		43	水库坑塘	指人工修建的蓄水区常年水位以下的土地
		44	永久性冰川雪地	指常年被冰川和积雪所覆盖的土地
		45	滩涂	指沿海大潮高潮位与低潮位之间的潮侵地带
		46	滩地	指河、湖水域平水期水位与洪水期水位之间的土地
5	城乡、工矿、居民用地	—	—	指城乡居民点及县镇以外的工矿、交通等用地

一级类型		二级类型		含义
编号	名称	编号	名称	
		51	城镇用地	指大、中、小城市及县镇以上建成区用地
		52	农村居民点	指农村居民点
		53	其他建设用地	指独立于城镇以外的厂矿、大型工业区、油田、盐场、采石场等用地、交通道路、机场及特殊用地
6	未利用土地	—	—	目前还未利用的土地、包括难利用的土地
		61	沙地	指地表为沙覆盖，植被覆盖度在5%以下的土地，包括沙漠，不包括水系中的沙滩
		62	戈壁	指地表以碎砾石为主，植被覆盖度在5%以下的土地
		63	盐碱地	指地表盐碱聚集，植被稀少，只能生长耐盐碱植物的土地
		64	沼泽地	指地势平坦低洼，排水不畅，长期潮湿，季节性积水或常积水，表层生长湿生植物的土地
		65	裸土地	指地表土质覆盖，植被覆盖度在5%以下的土地
		66	裸岩石砾地	指地表为岩石或石砾，其覆盖面积>5%以下的土地
		67	其他	指其他未利用土地，包括高寒荒漠，苔原等

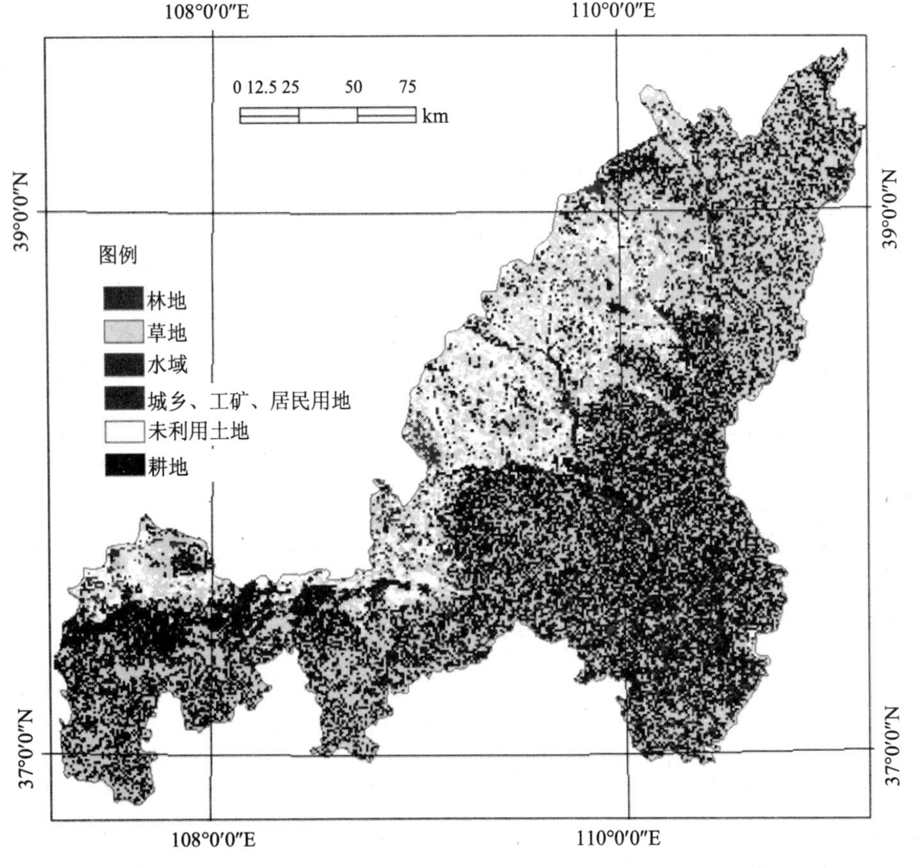

图1　研究区土地利用/覆被格局（2000年）

第二篇
区分植被动态变化中气候和人类因素的贡献率研究

第 9 章　基于 NDVI-气候变量特征空间的植被退化评价

9.1　引言

植被退化是陆地生态系统功能恶化的重要表征，生态恢复和重建的实践迫切需要对植被退化程度做出准确评价（索安宁等，2007），然而这种评价由于植被与环境之间关系的复杂性而缺乏有效参照（Veron and Paruelo，2006）。假定现有受人类干扰程度较轻的自然植被接近于无人类干扰时该环境条件下应该存在的潜在植被，则通过建立这类区域遥感植被指数和环境解释变量之间的经验模型，可以推衍出整个区域的潜在植被指数，并将其作为植被退化评价的理想基线（STOMS，2000；Boer and Puigdefábregas，2003；Boer and Puigdefábregas，2005）。近自然植被样点（区）的获取、环境解释变量的选择以及经验模型的形式决定着评价过程的可操作性和评价结果的不确定性。

对于黄土高原地区而言，一方面植被受人类活动的强烈干扰而破坏严重（Wang and Hidenori Takahashi，1999），获取典型且足够的近自然植被样点（区）存在困难；另一方面，该地区植被发展在大尺度上受制于气候条件干旱、半干旱、半湿润，用主要的气候变量来解释植被格局具有一定的合理性（李斌等，2003）。基于上述原因，本研究在排除灌溉区域的基础上，利用 NDVI（Normalized Difference Vegetation Index，归一化植被指数）-气候变量特征空间，获得潜在 NDVI 的函数表达，进而对比实际 NDVI 和潜在 NDVI 实现植被退化程度评价，为研究区生态恢复和重建提供科学依据。

9.2　研究区概况与数据来源

黄土高原（图 9-1）位于东经 100°52′～114°33′，北纬 33°41′～41°1 6′，东起太行山、西至日月山、南界秦岭、北抵阴山，总面积约 64 万 km^2。属典型大陆性气候，从东南向西北，依次为湿润半湿润暖温带、半湿润半干旱温带、干旱半干旱温带气候区。地势西北高东南低，大部分地区海拔在 1 000 m 以上。植被类型复杂多样，自东南向西北，依次为森林、森林草原、草原、荒漠半荒漠。包括山西省和宁夏回族自治区全部，陕西省中部和北部，甘肃省的陇中和陇东地区，青海省的东北部，内蒙古自治区的河套平原和鄂尔多斯高原，河南省的西部丘陵地带，总人口 8 742.2 万人，农业人口 6 907.7 万人。

该地区由于长期的土地开垦、森林砍伐、过度放牧，造成严重的植被破坏和水土流失（程积民，2002）。

研究所使用的数据包括：1998—2005 年 7—9 月 SPOT VEGETATION NDVI 1 km 10-day 合成产品（来源：国家自然科学基金委员会“中国西部环境与生态科学数据中心”）；1980—2004 年黄土高原及其周边地区 111 个气象站点的位置信息、月平均气温、年降水量数据（来源：中国气象科学数据共享服务网）；黄土高原 1 km 数字高程模型和 2000 年 1 km 土地利用栅格数据（来源：中国科学院地理科学与资源研究所）。空间数据统一转换到地理坐标系，输出地图采用 Albers 投影。

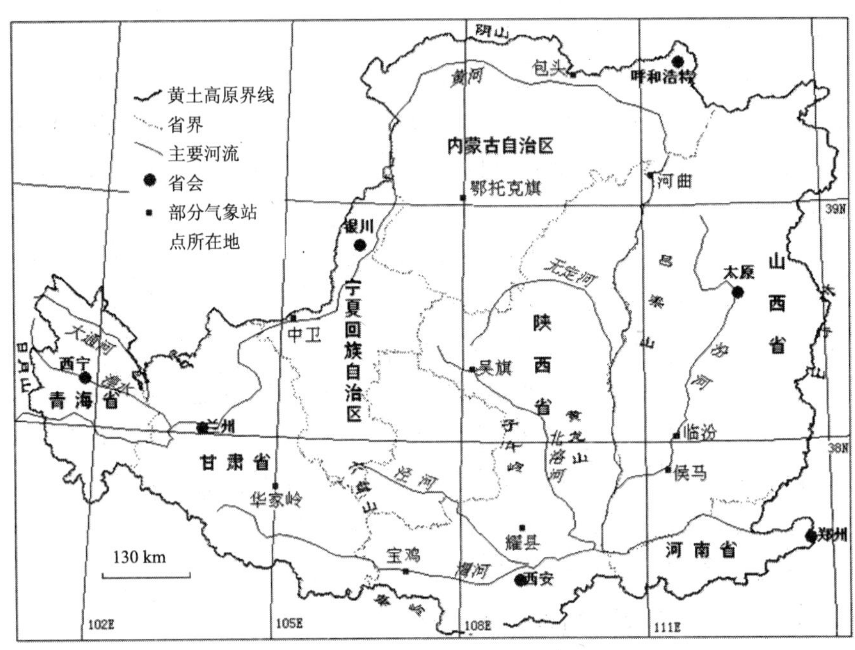

图 9-1 研究区概况

9.3 方法

9.3.1 NDVI 表现形式与获取

NDVI 与绿色生物量、叶面积指数、植物光合能力、净初级生产力均有很好的相关性，广泛用于植被覆盖及其动态变化监测、地表生物物理参数与气候变化关系等方面的研究（Sellers，1985）。不同研究中，用于代表植被现状的 NDVI 有不同的表现形式，常取某时段内（如生长季节）NDVI 的最大值、累积值或平均值（Evans and Geerken，2004）。本研究从 1998—2005 年 7—9 月 SPOT VEGETATION NDVI 1 km 10-day 合成产品中提取研究区域，求得共计 72 旬的 NDVI 平均值代表研究区植被现状，记为 $NDVI_{act}$。

9.3.2　气候变量数据处理

为与 NDVI 进行联合分析，需将站点气象数据内插为表面数据。由于没有绝对最优的空间插值方法，只有特定条件下的最优方法（李新等，2000）。本研究采用简单的多元回归分析方法，形式如下：

$$z = a_0 + a_1\varphi + a_2\lambda + a_3 h \tag{9-1}$$

式中，z 为站点的某项气候变量（如降水量、气温）观察值；φ、λ、h 分别为站点的纬度、经度和高程；a_0、a_1、a_2、a_3 为参数。114 个气象站点数据中，随机抽取 94 个建立回归模型，其余 20 个用于模型检验。由 1 km DEM 提取网格单元的位置信息，根据式（9-1）将站点多年平均降水量和多年各月平均气温内插为 1 km 格网。

水分（降水）和热量（气温）条件是决定植被分布的两个直接因素，其匹配组合情况复杂多样。在干旱型气候条件下，干燥指数经常被用于气候-植被关系研究（孟猛等，2004）。气候干燥指数（Aridity Index，AI）有众多计算方法，简单的以降水和气温的比值来表达，复杂的则是通过计算潜在蒸散发（Potential Evapotranspiration，PET），以降水与潜在蒸散发的对比关系获得。用 Holdridge 方法计算潜在蒸散发和干燥指数的数据要求较低，其公式如下：

$$\mathrm{AI} = \mathrm{PET}/P,\ \mathrm{PET} = 58.93 \times \mathrm{ABT},\ \mathrm{ABT} = \sum_{i=1}^{12} T_i / 12 \tag{9-2}$$

式中，AI 为干燥指数；PET 为潜在蒸散发，mm；P 为年平均降水量，mm；ABT 为年生物温度（Annual Biotemperature），℃；T_i 为第 i 月份的平均气温，一般认为在 0～30℃之间，超过 30℃按 30℃计算，低于 0℃均按 0℃计算。

利用上述降水和气温网格化数据，根据式（9-2）计算研究区多年平均 AI。

9.3.3　潜在 NDVI 和植被退化指数模型

灌溉区域由于水分的外界输入改变了植被-气候的对应关系，不是本书的研究范畴。因此，从 2000 年土地利用栅格数据中提取水田分布区（将水田视为灌溉土地，面积约占研究区的 3.6%），将其排除在分析之外。

多年平均降水量（记为 P）、多年平均气温（记为 T）、多年平均干燥指数 AI 等气候变量与 $NDVI_{act}$ 可构成一个多维特征空间。为研究方便，我们用各气候变量与 $NDVI_{act}$ 单独组成二维特征空间。以 AI 为例，用研究区内所有（若数据量过大，可适度抽样）像元的 AI 和 $NDVI_{act}$ 绘制散点分布图，如图 9-2 所示。AI 和 $NDVI_{act}$ 的总体关系表现气候条件愈差，对应植被覆盖的趋势愈差，即 AI 值愈大，$NDVI_{act}$ 值愈小。散点分布密集带的上边界（见图 9-3 中曲线）反映特定气候条件下的潜在 NDVI。

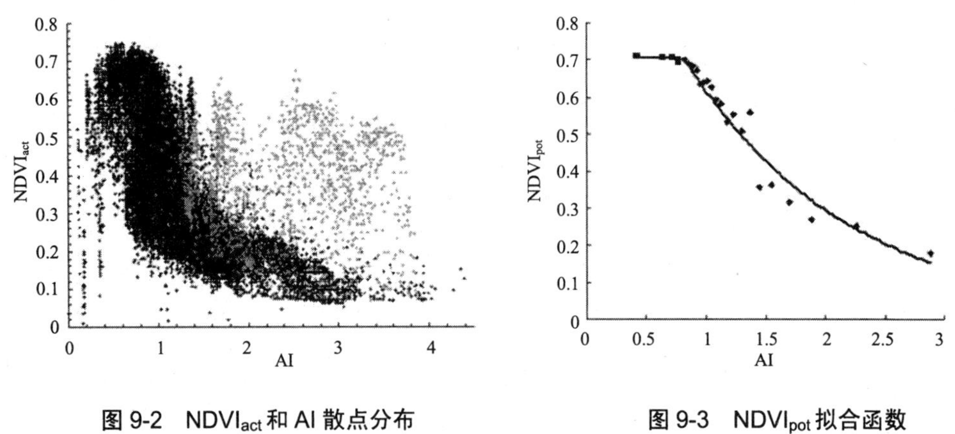

图 9-2 $NDVI_{act}$和 AI 散点分布

图 9-3 $NDVI_{pot}$拟合函数

参照 BOER 等人的方法（Boer and Puigdefábregas，2003；Boer and Puigdefábregas，2005）来获取散点分布的上边界模拟函数。将散点按其 AI 值大小，划分到散点数相同的 k 个类别，每个类别中散点 AI 值的平均值记为 AI_k；每个类别的散点中，选取 $NDVI_{act}$ 值较大的 h%（h 视情况人为设定）散点并求其 $NDVI_{act}$ 平均值，记为 $NDVI_{act\_k}$；最后用适当类型的函数来拟合这 k 个点（AI_k，$NDVI_{act\_k}$）的分布趋势，即是潜在 NDVI（记为 $NDVI_{pot}$）随 AI 变化的函数表达：$NDVI_{pot}=f$（AI）。

上述针对干燥指数的潜在 NDVI 计算模型原则上适用于降水、气温等其他限制性气候变量。此时，潜在 NDVI 应当是各种限制性气候变量相应预测值的最小值，即：$NDVI_{pot}=\min\{f_1(AI), f_2(P), f_3(T), \cdots\cdots\}$。

$NDVI_{act}$和 $NDVI_{pot}$之间的对比关系在一定程度反映了植被退化程度，这种对比可以是差值、比值或其他运算。NDVI=0.1 被公认为没有植被覆盖（马明国等，2006），为方便下面的定义，强行将高于 $NDVI_{pot}$或低于 0.1 的 $NDVI_{act}$纠正为相应的 $NDVI_{pot}$或 0.1。于是，我们可以定义植被退化指数：

$$D = (NDVI_{pot}-NDVI_{act}) / (NDVI_{act}-0.1) \qquad (9\text{-}3)$$

式中，D 值介于 0～1，D 值越大，表示植被退化越严重。

9.4 结果分析

由于篇幅限制，年平均降水量和各月平均气温回归内插模型的具体参数不予列出。年降水量模型的决定系数 R^2 为 0.824，相对均方差 RMSE 为 18.2；各月平均气温模型的 R^2 均大于 0.94，RMSE 小于 0.98。可见，插值模型具有较高的精度，这为 AI、$NDVI_{pot}$和 D 值的空间分布式计算提供了数据基础。

研究区 AI 空间分布见图 9-4。AI 的空间分布反映了水热平衡的空间特征，是本研究实验部分考虑的决定潜在植被指数的唯一环境因素。研究区 AI 的空间格局兼具水平地带性和垂直地带性规律。从东南向西北，AI 逐渐增大，植被活动的气候条件变差；海拔较高的山地丘陵较之同区域平原河谷地带具有明显小的 AI 值，植被活动的气候条件相对较好。

研究区 $NDVI_{act}$ 空间分布见图 9-5。$NDVI_{act}$ 为 7—9 月份多年平均 NDVI，代表植被现状。研究区植被现状总体上较差而空间变异大，$NDVI_{act}$ 平均值仅为 0.39，标准差 0.16。为分析的方便，我们将 NDVI 值小于 0.3 称为低植被覆盖，大于 0.5 称为高植被覆盖，0.3～0.5 为中植被覆盖。则低植被覆盖区约占总面积 1/3，广泛分布于华家岭—吴旗—河曲一线以西；而高植被覆盖区主要位于汾河以东大部，吕梁山、黄龙岭、子午岭、六盘山、渭河河谷平原以南、青海境内高海拔山地区，以及宁夏平原和河套平原灌溉区。

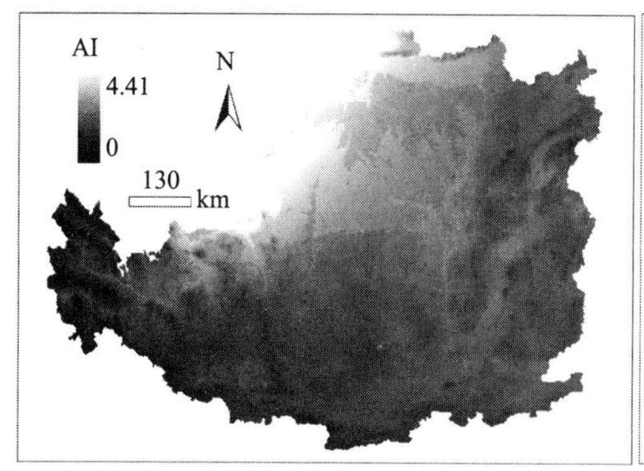

图 9-4 黄土高原 AI 空间分布

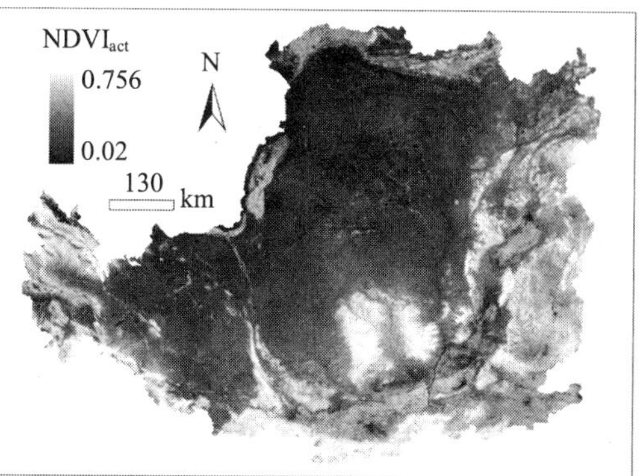

图 9-5 黄土高原 $NDVI_{act}$ 空间分布

由于 NDVI 在偏湿润条件下趋于饱和，故研究区 $NDVI_{pot}$ 的函数表达采用分段形式，当 AI＞0.8 时，以指数函数模拟为宜：

$$NDVI_{pot} = \begin{cases} 1.297\,4\exp(-0.738\,9AI) & R^2 = 0.936\,9 \quad AI > 0.8 \\ 0.71 & R^2 = 0.972\,3 \quad AI \leqslant 0.8 \end{cases} \tag{9-4}$$

根据（9-4）式计算 $NDVI_{pot}$，结果见图 9-6。研究区 $NDVI_{pot}$ 平均值 0.53，标准差 0.16。$NDVI_{pot}$ 小于 0.3 的潜在低植被覆盖区仅占总面积约 1/5，仅分布于中卫-鄂托克旗-包头一线以西；$NDVI_{pot}$ 大于 0.5 的潜在高植被覆盖区则从东南扩展至华家岭—吴旗—河曲一线以西。因此，黄土高原潜在植被覆盖远好于现实植被。

根据（9-3）式计算植被退化指数 D，结果见图 9-7。可以看出，黄土高原植被退化的总体趋势表现为：中部比周边严重、西部比东部严重、南部比北部严重。植被退化最严重的区域位于甘肃的陇中和陇东地区、宁夏南部、青海省境内的黄河及其支流湟水两侧山地、陕西山西境内的宝鸡、耀县、侯马、临汾一线，退化指数 D 值大于 0.3；植被退化最轻的地区主要包括：陕西境内延安以南子午岭和黄龙山、山西境内汾河以东大部分地区、南部秦岭一线山区、青海境内大通河流域以及宁夏平原与河套平原地区，*D* 值大多界于−0.5～0.1 之间；其余地区为中度退化，*D* 值界于 0.1～0.3 之间。

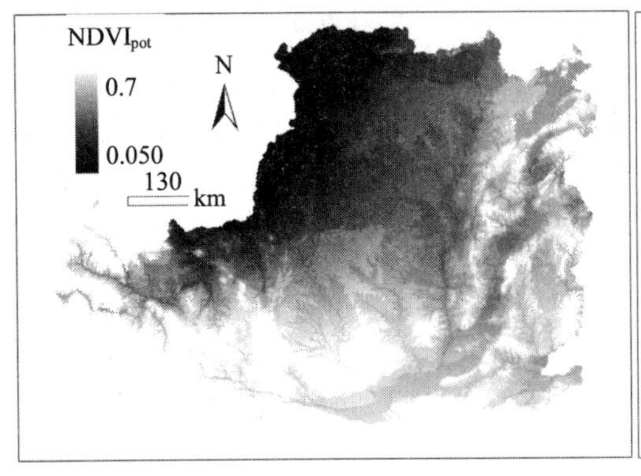

图 9-6 黄土高原 $NDVI_{pot}$ 空间分布

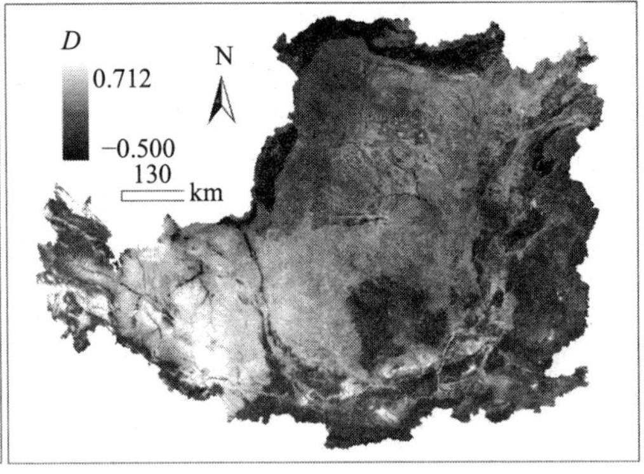

图 9-7 黄土高原 D 空间分布

9.5 结论

本研究在排除灌溉区的情况下，在 NDVI-气候变量特征空间中，用散点分布密集带的上边界拟合函数来估算潜在 NDVI，基于实际 NDVI 和潜在 NDVI 定义了植被退化指数，对干旱半干旱乃至半湿润环境下植被退化评价的方法做了一定探索，其结果也可作为生态系统健康评价和可持续发展综合评估的一个重要指标。该方法的最大特点在于能够避免难以获取典型而足够的近自然植被样点数据的实际困难，使潜在 NDVI 的计算模型更为稳健。黄土高原地区的案例研究表明：本区植被退化程度具有显著的空间差异，整体上看陇中、陇东及宁夏南部退化最严重。

本研究存在的不足有：潜在 NDVI 在偏湿润条件下趋于饱和，应当考虑使用其他植被指数或者使用时间段内的累积 NDVI（池宏康，1996）；没有考虑地质条件和地形特征对土壤水分从而对植被活动的影响，也没有深入研究热量条件对植被分布的制约，这使评价结果尚有一定的偏差。

基于 NDVI-气候变量特征空间定义的植被退化指数，有效消除了植被活动的气候因素而突出了人为因素，若将其应用于逐年植被状态评价，则该方法具备评价近年生态恢复与植被建设工程效果的潜力。对此，作者将另文论述。

第10章　气候变化和人类活动在榆林市荒漠化过程中的相对作用

10.1　引言

荒漠化，即干旱、半干旱和亚湿润区（以下简称为偏干旱区）的土地退化，是严重威胁人类生存和发展的重大环境问题之一。荒漠化过程驱动机制是荒漠化防治所必需的理论依据，历来是荒漠化研究的基础与重点。气候变化和人类活动无疑是荒漠化过程的两大驱动因子，然而对两种作用的区分却长期停留在定性水平上，直到近年来才出现了定量化的探索。荒漠化发展或逆转最直观的表现是植被变化，而植被变化在长时序大空间尺度上受气候条件所控制，人类活动的影响可以看作是叠加于其上的作用，加之植被和气候数据比人类活动资料更易获取，因此，利用植被-气候关系在栅格水平上推断气候变化和人类活动在荒漠化过程中的相对作用，成为广泛关注的一个研究热点。

一些研究基于降水利用效率法（RUE，年净初级生产力与年降水量的比值）来分析荒漠化动态中的人为因素（Prince et al.，1998；彭飞等，2010；Holm et al.，2003；Symeonakis and Drake，2004）。但是，RUE是一个过于简单化的经验指标，其应用不甚可靠。另一些研究基于通用植被模型（如CASA、LPJ-DGVM）获得气候条件所决定的潜在植被参数（如净初级生产力NPP、叶面积指数LAI），并与实际的植被参数进行比较来考察荒漠化动态及其成因（Hickler et al.，2005；Seaquist et al.，2005；许端阳等，2009）。然而，通用植被模型的不确定性大、所需参数复杂，故此类方法的应用目前还受到一定限制。第三类研究则是通过建立本地化的植被-气候关系统计模型来推断两大驱动因子在荒漠化过程中的相对作用（Evans and Geerken，2004；Hermann et al.，2005；曹鑫等，2006；卓莉等，2007；蔡博峰，2009）。相对而言，这类方法简单而有效，近年来为众多学者所青睐。已有研究中，本地化的植被-气候关系统计模型一般是针对每个像元建立的时序关系模型（Evans and Geerken，2004；Hermann et al.，2005；曹鑫等，2006；卓莉等，2007；蔡博峰，2009），一个明显的不足是当气候和人为因子的作用具有相同趋势时容易混淆。植被-气候空间关系模型在荒漠化评价中也比较常见（Stoms，2000；Boer and Puigdefabregas，2005；孙建国等，2008；索安宁等，2007；赵传燕等，2007），但因其固有的静态模式而很少用于动态分析。可见，综合利用时序和空间两方面的特征，是提高本地化植被-气候关系模型对荒漠化两大驱动因子相对作用区分效果的重要途径。

榆林市位于陕西省最北部，与甘肃省、宁夏回族自治区、内蒙古自治区和山西省接壤，属毛乌素沙漠与陕北黄土高原的过渡地带，也是典型的农牧交错带。该地区荒漠化特征明显，驱动力作用复杂，其研究在中国北方具有代表性。

本研究针对以往研究的不足，提出一个植被-气候时空关系集成模型，在此基础上定义气候变化和人类活动在荒漠化过程中相对作用的评价方法，同时实现 1986—2000 年榆林市荒漠化动态及其两大成因的定量分析。

10.2 研究区概况及数据

图 10-1 为研究区榆林市位置、地形及气象站点分布，纬度 36°57′～39°34′N，经度 107°28′～111°15′E，海拔 1 000～1 500 m，地势由西北向东南倾斜。气候为温带干旱、半干旱大陆性季风气候，年均降水量 300～500 mm，自然植被从东南向西北由森林草原向干草原、荒漠草原过渡。以长城为界，大体可分为北部风沙草滩区和南部丘陵沟壑区。总面积 4.3×10^4 km^2，总人口 300 多万。多年来，随着人口的持续增长、土地的不合理利用等，全市大量植被和草原遭到破坏，风蚀沙化和水土流失非常严重，生态环境极其脆弱，已成为中国北方荒漠化最严重和最典型的地区之一（刘彦随，2002）。

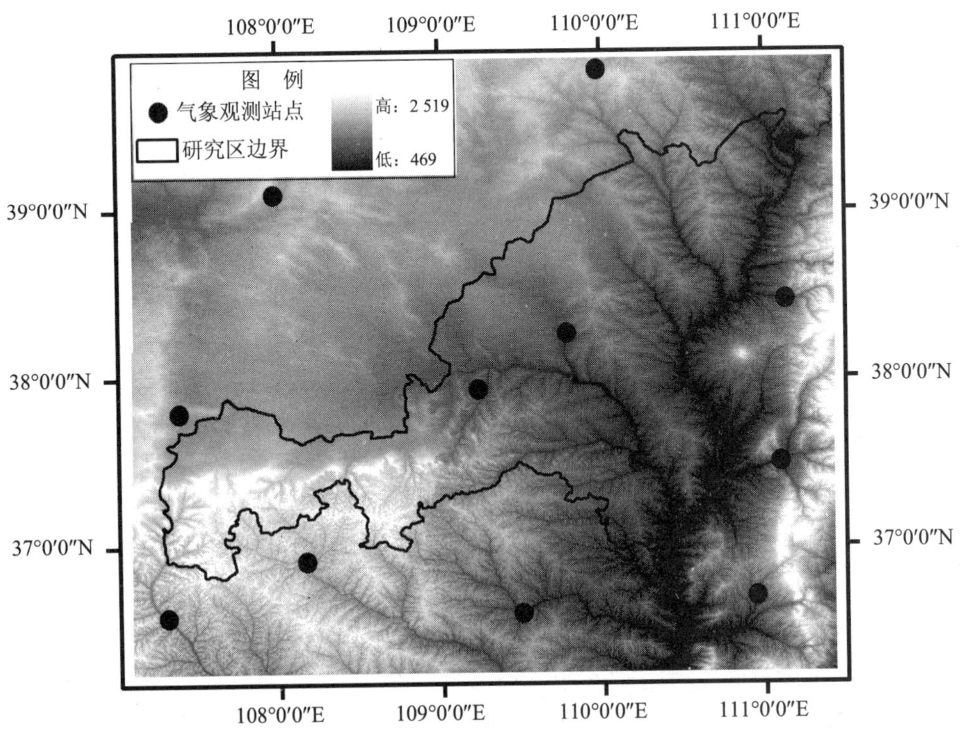

图 10-1 实验区位置、地形及气象站点分布

NDVI 数据取自美国航空航天局（NASA）全球监测与模型研究组（Global Inventory Modeling and Mapping Studies，GIMMS）发布的 1986—2000 年共 360 个时相的最大值半月合成产品，空间分辨率为 8 km（Tucker 等，2006）。该数据已进行过大气校正、数据缺失的插补和消除火山喷发的影响等处理。相对于其他 NDVI 数据源，GIMMS-NDVI 时序数据更加适合于大尺度植被活动和荒漠化分析（李登科等，2010）。气候数据为 1986—2000 年榆林市及周边 13 个气象站点的月平均气温、月降水量数据，来源于中国气象科学数据共享服务网。数字高程模型（DEM）从 GTOPO30 切割而来，用于气候数据的空间内插。

10.3　方法

10.3.1　植被-气候时空关系模型

本研究使用二元二次回归方程模拟植被-气候时空关系：

$$\mathrm{NDVI}_{i,j,k} = \alpha_0 + \alpha_1 P_{i,j,k} + \alpha_2 T_{i,j,k} + \alpha_3 P_{i,j,k}^2 + \alpha_4 P_{i,j,k} T_{i,j,k} + \alpha_5 T_{i,j,k}^2 + \varepsilon \tag{10-1}$$

式中，$\mathrm{NDVI}_{i,j,k}$、$P_{i,j,k}$、$T_{i,j,k}$ 分别为第 i 行、第 j 列空间位置上第 k 个 5 年期的 NDVI、年降水量、大于 0℃月平均气温之和；α_0～α_5 为待定系数，由最小二乘法来确定；ε 为随机误差项。原始的降水量和气温数据多为气象站点观测值，需要采用空间内插方法生成与 NDVI 空间分辨率相同的栅格数据。为避免大值对小值的掩盖，在回归分析之前对式中各自变量进行 Z 标准化处理。

NDVI（Normal Difference Vegetation Index，归一化植被指数）与植被盖度、NPP 等植被指标具有很好的相关性，被用于反映荒漠化状态。模型的自变量是决定植被格局与动态的两个主要气候因子——降水和气温。对于偏干旱区，很多研究认为气温与 NDVI 的关系不太明显，这可能是气温变化对植被具有双重作用所致。全球变暖背景下，气温升高一方面可加剧土壤水分缺乏从而抑制植被生长发育，另一方面也可延长生长季节、增强光合作用，从而起到促进植被活动的作用（李登科等，2010；信忠保等，2007；Zhou et al.，2003）。为保证模型精度，本研究将气温（大于 0℃月平均气温之和）作为降水量的辅助变量来解释 NDVI 的时空分布。

植被对气候的响应存在时滞，且空间变异明显（Evans and Geerken，2004；Hermann et al.，2005；曹鑫等，2006）。如何处理时滞现象，是建立植被响应气候时空耦合模型的关键问题，“空间分区”和“时间分段”是两个简便的解决途径。空间分区是按时滞长短对像元进行聚类划分，在同一分区内可近似认为时滞相同，从而分区建立时空关系复合模型。但无论如何分区，区内的时滞长度总有差异，分区过多时还会影响模型的稳定性。本研究中采用了时间分段的方法。时间分段是指降低时间分辨率，把研究的时间分辨率从常用的 1 年调整为 n 年（$2 \leqslant n \leqslant N/2$，$N$ 为时间序列数据的总年数），即对模型中的自变量和因变量均取 n 年平均值，从而在一定程度上克服了由于时滞造成的时空复合关系建模困难，同时也基本满足荒漠化监测和评价的周期要求。对于偏干旱区来讲，植被和气候的 n 年际变异虽不及年际变异大，但仍然相当明显（许端阳等，2009；孙建国等，2008）。考虑到中国政府现行的荒漠化监测周期为 5 年，文中 n 取值 5。

10.3.2 气候变化和人类活动在荒漠化过程中相对作用的计算模型

本研究的一个基本假定是研究区植被的时空变化受气候条件所控制，式（10-1）是对这种全局性控制作用的模拟。由于影响植被的环境因子的多样性，一个模拟值并不直接反映某一时空环境下气候条件决定的所谓潜在植被状态（Stoms，2000；Boer and Puigdefabregas，2005；孙建国等，2008；索安宁等，2007；赵传燕等，2007；王超等，2009），但是，任意两个模拟值的差别基本上代表了不同空间位置和（或）不同时段的气候差异对植被的影响。对于同一空间位置来讲，气候变化所引起的植被变化量（记为 $\mathrm{NDVI_{CC}}$）相当于 k_1 和 k_2 两个时段所对应的 NDVI 模拟值（分别记为 NDVI_{ek2} 和 NDVI_{ek1}）之差：

$$\mathrm{NDVI_{CC}} = \mathrm{NDVI}_{ek2} - \mathrm{NDVI}_{ek1} \tag{10-2}$$

实际植被变化量（记为 $\mathrm{NDVI_{AC}}$）中扣除气候变化所引起的部分，可视由人类活动所引起：

$$\mathrm{NDVI_{HC}} = \mathrm{NDVI_{AC}} - \mathrm{NDVI_{CC}} \tag{10-3}$$

据此，可以定义气候变化和人类活动在荒漠化过程中相对作用（分别记为 C_{eff} 和 H_{eff}）的计算模型：

$$C_{eff} = \mathrm{NDVI_{CC}} / \mathrm{NDVI_{AC}} \times 100\% \tag{10-4}$$

$$H_{eff} = \mathrm{NDVI_{HC}} / \mathrm{NDVI_{AC}} \times 100\% \tag{10-5}$$

10.4 结果

10.4.1 实验区植被-气候时空关系

将整个研究期划分为 1986—1990 年、1991—1995 年、1996—2000 年共 3 个时段，分别对应式（10-1）中 k 的取值 1、2、3。研究区具有明显的生长季节（4—10 月），为消除非生长季 NDVI 的干扰，累加每年生长季共计 14 个 NDVI 半月值，然后求得每 5 年平均值。另外，该值小于 1.4 的像元被视为无植被区，排除在分析之外。逐站点计算每 5 年的降水量平均值和大于 0℃月平均气温之和平均值，并内插为相应的栅格数据，空间分辨率取与 NDVI 相同的 8 km。其中，气温内插采用以 DEM 为辅助变量的 Cokriging 法，降水则直接使用 kriging 法。利用式（10-1）得实验区植被-气候时空关系回归方程为：

$$\mathrm{NDVI}_{i,j,k} = 2.916 - 0.441P_{i,j,k} - 0.398T_{i,j,k} - 0.088P_{i,j,k}^2 + 0.708P_{i,j,k}T_{i,j,k} + 0.181T_{i,j,k}^2 \quad (10\text{-}6)$$

根据 F 检验方法，F=144.13＞$F_{0.01}$（5，2 505）=4.10，说明在置信水平 α =0.01 下，回归方程显著。

10.4.2 实验区荒漠化动态及气候变化和人类活动的相对作用

气候变化和人类活动的相对作用必须结合荒漠化具体特征来分析。设定一阈值 U_1，NDVI_{AC} 小于 $-U_1$ 和大于 U_1 的栅格分别视为荒漠化发展过程和逆转过程，界于两者之间则为无显著变化。阈值 U_1 的获取方法是，通过相应时段内高空间分辨率遥感影像的目视解译等手段，得到两期沙漠化程度分级的样本数据，进而得到沙漠化级别发生正向变化、负向变化和无变化的地块，再与 NDVI_{AC} 进行叠加并统计各自的平均值，最终取其临界值。本研究按此方法确定研究区 U_1 为 0.14。

表 10-1 为研究期内实验区荒漠化动态及由式（10-4）、式（10-5）所计算的两大驱动因子相对作用概况。在第 1 至第 2 时段内，荒漠化发展区、无显著变化区和逆转区分别占研究区总面积的 24.0%、64.8%和 11.2%，整体上表现为荒漠化发展（NDVI 实际变化量−0.038 8）；这一时期内，无论是荒漠化发展区还是逆转区，人类活动的作用均占据绝对主导地位（分别为 98.7%和 101.4%），气候变化的作用甚微。在第 2 至第 3 时段内，荒漠化发展区、无显著变化区和逆转区分别占研究区总面积的 21.0%、55.9%和 23.1%，荒漠化过程整体上达到稳定态势（NDVI 实际变化量 0.002 57）；这一时期内，在荒漠化发展区，气候变化和人类活动的作用基本相当（分别为 46.2%和 53.8%），而在荒漠化逆转区，人类活动的作用达到了 119.0%，气候变化的作用则为−19.0%。总之，从 1986—2000 年，研究区在气候条件更加不利植被生长的情况下，荒漠化过程由发展转变稳定，荒漠化治理和生态环境建设的效果非常显著。

表 10-1 研究期内实验区荒漠化动态及气候变化和人类活动相对作用（U_1=0.14）

时间	项目	荒漠化发展	荒漠化无显著变化	荒漠化逆转	NDVI_{AC}
第 1 时段—第 2 时段	栅格数（比例）	201（24.0%）	542（64.8%）	94（11.2%）	−0.038 8
	C_{eff}	1.3%	—	−1.4%	
	H_{eff}	98.7%	—	101.4%	

时间	项目	荒漠化发展	荒漠化无显著变化	荒漠化逆转	$NDVI_{AC}$
第 2 时段—第 3 时段	栅格数（比例）	176（21.0%）	468（55.9%）	193（23.1%）	0.002 57
	C_{eff}	46.2%	—	−19.0%	
	H_{eff}	53.8%	—	119.0%	

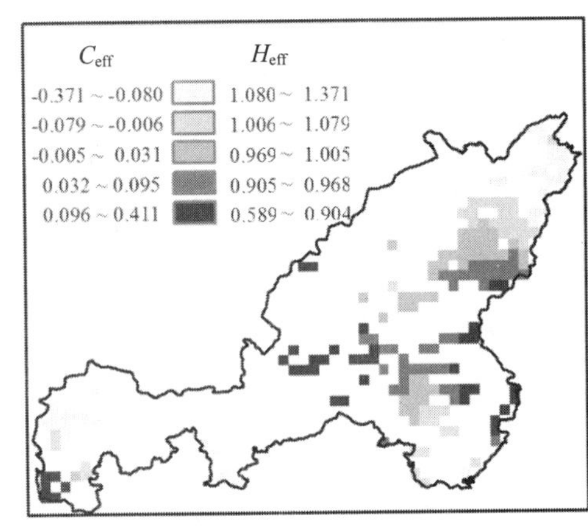

（a）第 1 至第 2 时段，荒漠化发展

（b）第 1 至第 2 时段，荒漠化逆转

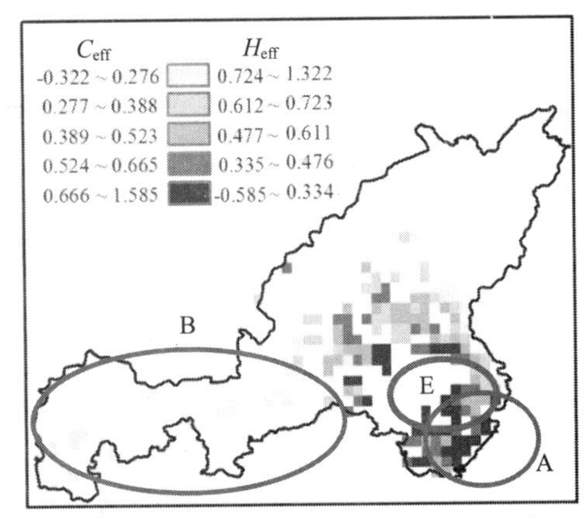

（c）第 2 至第 3 时段，荒漠化发展

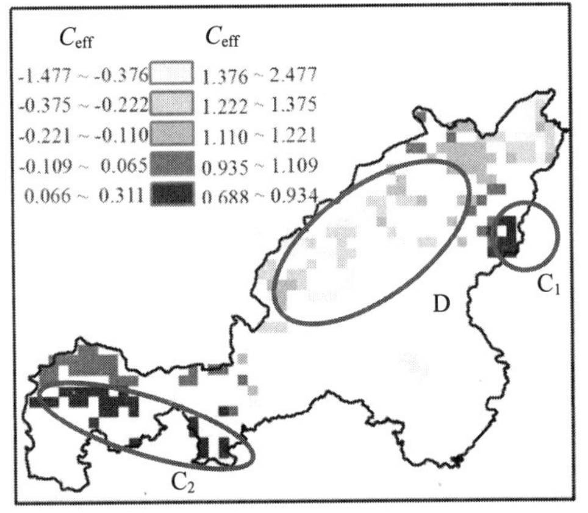

（d）第 2 至第 3 时段，荒漠化逆转

图 10-2 研究期内实验区荒漠化过程中气候变化和人类活动相对作用(U_1=0.14)

图 10-2 为研究期内实验区荒漠化发展和逆转过程及两大驱动因子相对作用的空间分布。由图 10-2（a）、（b）可以看出，实验区的荒漠化发展栅格主要位于南部丘陵沟壑区，逆转栅格主要位于北部风沙草滩区。虽然研究期内荒漠化发展的范围有所减小、逆转的范围大大增加，但这种空间分布格局特别明显且始终没有发生根本变化。无论是第 1 至第 2 时段还是第 2 至第 3 时段，无论是荒漠化发展区域还是荒漠化逆转区域，两大驱动因子的相对作用均表现出较大的空间异质性。例如，第 2 至第 3 时段的荒漠化发展

过程中，虽然气候变化和人类活动的作用基本相当（46.2%和 53.8%），但就最南部区域（图 10-2（c）中 A 所示）而言，气候变化起着主导作用，在西部零星地区（图 10-2（c）中 B 所示），人类活动的影响则是其主要形成原因。再如，第 2 至第 3 时段的荒漠化逆转整体上由人类活动所形成（相对作用为 119.0%），气候变化起着一定程度的负向作用（−19.0%），但从位于丘陵沟壑区的少数荒漠化逆转栅格来看（图 10-2（d）中 C_1 和 C_2 所示），气候变化的负向作用并不明显，而在东北-西南向延伸的风沙草滩区中部（图 10-2（d）中 D 所示），气候变化的负向作用极为显著（可达−147.7%）。

当荒漠化状态无显著变化时 $(-U_1 < |\mathrm{NDVI_{AC}}| < U_1)$，利用式（10-5）、式（10-6）计算气候变化和人类活动的相对作用没有实际意义，但这并不等于两种作用一定都小到了足以忽略的程度，相反有可能两者作用都比较强，只是由于性质不同而彼此抵消，可将其分为以下三种情况：$\mathrm{NDVI_{CC}} > U_2$ 或 $\mathrm{NDVI_{HC}} < -U_2$，说明人类活动的负向作用和气候变化的正向作用都较明显，且基本抵消；$\mathrm{NDVI_{HC}} > U_2$ 或 $\mathrm{NDVI_{CC}} < -U_2$，说明气候变化的负向作用和人类活动的正向作用都较明显，且基本抵消；其他情况，说明气候变化和人类活动的作用都不明显（阈值 U_2 可视情况取值，一般应大于等于 U_1）。经统计，在 U_2=0.2 时，第 1 至第 2 时段荒漠化无显著变化栅格上，气候变化和人类活动的作用均不明显；第 2 至第 3 时段荒漠化无显著变化区域中，有 25 个栅格人类活动的正向作用和气候变化的负向作用都比较强，主要集中于丘陵沟壑区环状荒漠化发展区域的中心部位（图 10-2（c）中 E 所示）。这进一步说明，虽然丘陵沟壑区整体上一直表现为荒漠化发展，但在研究期后半段，人类活动对生态环境的压力大大减轻，气候条件的不利是荒漠化没有根本逆转的主要原因。

10.5　讨论

气候变化和人类活动在荒漠化过程中相对作用的验证具有一定的困难性，目前只能依赖于相关文献资料的对比分析。杨述河等（2004）分析 TM 影像解译得到的土地利用数据，认为 1985—2000 年榆林市生态环境变化同时并存好转和恶化的状况，总体上呈现改善趋向；北部风沙草滩区要比东部丘陵沟壑区生态环境改善的程度高；导致区域生态环境质量改善的主要驱动因子是人类活动。另外一些也研究发现，20 世纪末 20 年榆林市气候存在不断干旱化趋势，但榆林市荒漠化程度却有所好转，主要原因是实施了一系列积极的人为措施和政策，说明人类活动对现代土地荒漠化过程起着重要的作用（李登科等，2007；王晓峰等，2009；李忠锋等，2004；高会军等，2005）。榆林市是我国荒漠化治理比较有成效的地区，多年来开展了坚持不懈的荒漠化防治和整治工作，具体措施有：限制放牧、鼓励圈养、减少山羊数量、增加优良品种；退耕还林、还草；建设三北防护林；节水灌溉等，这些措施对 20 世纪 80 年代末以来土地沙漠化进程的减缓产生了积极影响（王晓，2003；王涛等，2005）。可以看出，上述众多研究的定性分析结论与本研究的实验结果非常吻合，有力地说明本研究方法的合理性、可靠性和实用性。

尽管如此，本文方法和同类研究一样，也有诸多方面的局限性：荒漠化是一个复杂的地表过程，至少包括植被生产力、植物物种、土壤水分和土壤有机质等的变化，NDVI、NPP 等植被遥感参数尽管可以反映荒漠化动态的宏观趋势，但具有一定的片面性；利用植被-气候关系来推断气候变化和人类活动的相对作用，不适用于灌溉区或绿洲区，也无法辨别人类活动所包含的具体驱动因素；NDVI 时间序列数据质量、气候观测数据空间插值精度等都在一定程度上影响到研究结果的准确性。

10.6 结论

气候变化和人类活动是荒漠化过程的两大驱动因子，准确区分两者的相对作用对于荒漠化防治和治理具有重要的理论和实践意义。本研究首次提出了一个植被-气候时空关系集成模型，并将其应用于在栅格水平上区分荒漠化两大驱动因子的相对作用。实验结果表明，该方法具有一定的实用性和推广价值。

研究结果显示，1986—2000 年，榆林市的荒漠化动态及其成因有三大特征。其一，荒漠化发展主要发生在南部丘陵沟壑区，逆转主要发生在北部风沙草滩区，这一空间格局特别明显且始终没有发生根本改变；其二，气候条件愈来愈不利于植被活动，但荒漠化过程从发展渐趋稳定态势，人类活动的积极作用非常明显，说明荒漠化治理和生态环境建设工作富有成效；其三，气候变化和人类活动的相对作用有很大的时间和空间异质性。

本研究的后续工作主要有两方面：一是应用的扩展，尝试用此方法分析近 30 年来中国和全球范围的荒漠化动态及其驱动机制；二是模型和方法的改进，包括顾及植被响应气候的滞后特征，提高模型的时间分辨率，考虑风速等因子的影响，以及辨别气候各子要素的相对作用等。

第 11 章　西北黄土高原植被动态中气候和人类驱动的贡献率研究

11.1　引言

植被变化是全球变化研究的核心内容之一。半干旱半湿润区是全球变化的敏感区，也是植被变化研究关注的焦点区（Fensholt et al.，2012；Jong et al.，2012；Liu and Gong，2012）。通过分析卫星遥感获取的长时间序列的净初级生产力（NPP）或归一化植被指数（NDVI）等数据，科学家们已经基本掌握了近 30 年全球范围内半干旱半湿润区植被动态的基本特征，也明确了气候变化和人类活动是其两大主要驱动力，但是，对于两种作用的贡献率至今尚未形成公认有效的区分方法（De Jong　et al.，2013；Helldén and Tottrup，2008；Boschetti et al.，2013）。

由于观测人类活动要比观测气候变化困难得多，在像元（栅格）尺度上量化植被动态中气候和人为驱动贡献率的主流思想是：利用机理模型或者统计模型模拟植被（NPP 或 NDVI）对气候变化的年际响应，用模拟值随年份的趋势变化量来衡量气候因素的作用，用实际值和模拟值差值的趋势变化量来表达人为因素的作用（Wang et al.，2012；Rigge et al.，2013）。其具体实现方法又有两类：一类可称为“潜在剩余法”，另一类可称为“回归残差法”。“潜在剩余法”模拟的是无人类活动影响下气候条件所决定的植被动态，例如 Seaquist et al.（2009）和 Xu et al.（2009）的研究。此类方法虽不乏其优点，但也至少存在两方面的不足，一是利用潜在植被动态代表现实中气候对植被的影响并不十分理想，因为现实植被与潜在植被可能相去甚远，二是模型相对复杂，对地形和土壤等数据的质量有较高要求。

相反，“回归残差法”模拟的是假定人类活动保持稳定情形下气候条件所决定的植被动态，比潜在植被动态更加接近于现实存在，而且模型相对简单，不需要地形、土壤和植被类型等空间异质因子数据，它们的影响被反映在模型的回归系数上。因此，该方法在当前研究中比较流行，例如 Evans et al.（2004），Wessels et al.（2007）、Omuto et al.（2011）、Li et al.（2012）、曹鑫等（2006），周洪建等（2009）和孙建国等（2012）的研究。尽管如此，现有“回归残差法”也存在一定缺陷，最突出的是气候变化和人类活动作用的“共趋势效应”问题，即：当气候和人为驱动作用具有同向趋势时，模型将把一部分人为驱动作用识别为气候变化所致；当它们具有异向趋势时，后者将在一定程度上破坏前者与植被动态之间的应有关系，从而使保留在残差中的与气候作用反方向的趋势成分减少（Wessels et al.，2012）。两种情况下，现有“回归残差法”都会低估人类活动的贡献率。

本研究提出一个能够消除上述共趋势效应的“去趋势回归残差法”，并将其应用于分析近 15 年（1998—2012）西北黄土高原植被动态中气候和人为驱动的贡献率。

11.2 研究区和数据

11.2.1 研究区概况

研究区（图 11-1）选择了黄土高原西北部，包括了宁夏回族自治区全部、甘肃省中东部、陕西省北部，以及内蒙古自治区南部部分地区。该区自西北向东南由干旱、半干旱过渡为半湿润气候带，主要的生态和环境问题也由荒漠化过渡为水土流失。由于人类对土地的不合理利用，特别是草地过度放牧和陡坡地开垦，导致荒漠化和水土流失进一步加剧。为了改善该区的植被覆盖，治理土地退化，中国政府投入了大量的人力、物力和财力，尤其是自 1999 年开始实施了退耕还林还草等大规模植被建设（王朗等，2010；信忠保等，2007）。同时，研究区内降水年际变异大，气温持续升高，对植被活动产生着深刻影响（李双双等，2012）。为了客观评价该区植被恢复和水土保持效果，迫切需要明确气候变化和人类活动在植被动态中的贡献率。

11.2.2 数据准备

NDVI 数据。本研究使用 SPOT VEGETATION（VGT）NDVI（下载自 http：//free.vgt.vito.be 网站）空间分辨率 0.009 °（约 1 km），时间分辨率为 10 日，从 1998 年 4 月—2012 年 12 月共计 531 幅影像。该数据已经过几何精纠正、辐射校正、大气校正等预处理，且采用最大值合成（MVC）算法进一步减小了云、大气、太阳高度角等的影响（Tucker et al.，2005）。本研究对该数据做了如下处理：首先，将记录的DN值换算为原始的NDVI；其次，将 NDVI 数据集重采样到 0.07°（约 8 km）空间分辨率。

气候数据。原始气候数据为 1997—2012 年研究区及周边 48 个地面气象观测站的月降水量和月平均气温记录（来源于 http：//cdc.cma.gov.cn）。为了与 VGT NDVI 进行集成分析，在 ANUSPLIN4.0 软件中对降水和气温记录进行空间内插生成 0.07°空间分辨率的栅格数据集。内插过程中使用了 GTOPO 30 数字高程模型（DEM）。

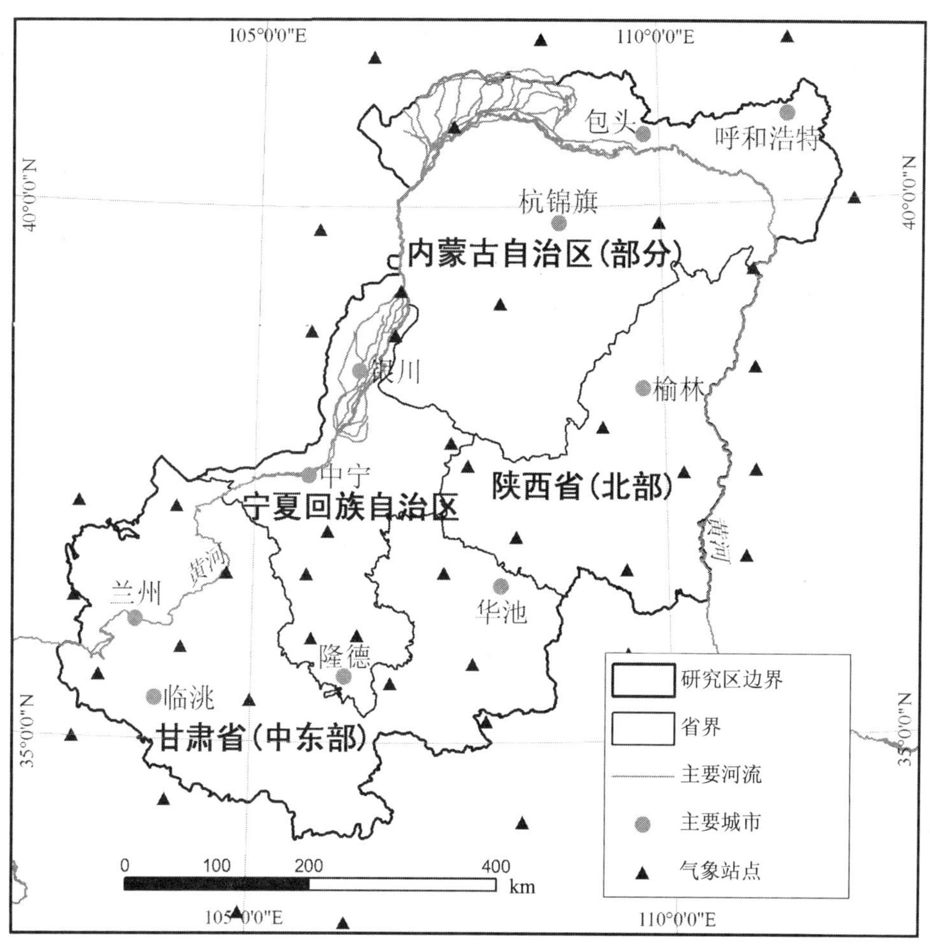

图 11-1 研究区位置、气象站点和行政区划

11.3 方法

11.3.1 变量选择和时滞分析

以每年 6—8 月的 NDVI 平均值代表植被覆盖（以下记为 $NDVI_{678}$），这是为了最大程度地反映研究区的土地退化尤其是水土流失状况（李晓松等，2009）。考虑的气候变量包括降水和气温。降水多寡控制着干旱、半干旱和半湿润区的植被活动，相当一部分同类研究仅考虑降水而忽略其他气候因子（卓莉等，2007）。但是，对温带植被而言，气温变化的影响比较明显。

一般情况下，植被对气候的响应存在一定的时滞，确定时滞长度是建立植被响应气候模型的重要基础。通过计算和比较 $NDVI_{678}$ 与同期（6—8 月）及前期不同月数累积降水和累积气温的相关系数大小，逐像元确定降水和气温的最佳累积月数。

11.3.2 回归分析

（1）常规回归分析

利用二元一次回归方程模拟植被对气候的响应（曹鑫等，2006；卓莉等，2007）：

$$NDVI_{678}=a\times \mathrm{Lag}P+b\times \mathrm{Lag}T+c+\varepsilon \tag{11-1}$$

式中，Lag$P$ 和 Lag$T$ 分别代表由本书 1.3 中得到的累积降水和累积气温时间序列，a、b 和 c 为系数，ε为随机项。

（2）去趋势回归分析

为了克服式（11-1）存在的气候和人为驱动作用之间可能的共趋势效应问题（曹鑫等，2006；卓莉等，2007；Wessels et al.，2012），提出一种“去趋势回归分析”方法。首先，对 $NDVI_{678}$、Lag$P$ 和 Lag$T$ 进行去趋势处理，结果分别记为 D（$NDVI_{678}$）、D（Lag$P$）和 D（Lag$T$）。去趋势的方法是，对变量 y 和年份 x 进行一元线性回归模拟，再用残差值加上原始数据的平均值。

其次，利用与式（11-1）形式完全相同的式（11-2）来模拟 D（$NDVI_{678}$）对 D（Lag$P$）和 D（Lag$T$）的响应：

$$D(NDVI_{678})=a\times \mathrm{D}(\mathrm{Lag}P)+b\times \mathrm{D}(\mathrm{Lag}T)+c+\varepsilon \tag{11-2}$$

最后，将原始 Lag$P$ 和 Lag$T$ 代入式（11-2），得到 $NDVI_{678}$ 的模拟结果。

11.3.3 残差分析

利用相关系数法判断 $NDVI_{678}$ 变化趋势的方向及其显著性。若趋势显著（包括正向和负向），则使用下面两式计算气候和人为驱动在植被动态中的贡献率（分别记为 C_c 和 C_h）：

$$C_c=\mathrm{Slope}(EstNDVI_{678})/\mathrm{Slope}(NDVI_{678})\times 100\% \tag{11-3}$$

$$C_h=\mathrm{Slope}(ResNDVI_{678})/\mathrm{Slope}(NDVI_{678})\times 100\% \tag{11-4}$$

式（11-3）、式（11-4）中 $EstNDVI_{678}$ 和 $ResNDVI_{678}$ 分别表示 $NDVI_{678}$ 模拟值和残差的年际序列，Slope 表示随年份变化的斜率。事实上，$C_h=1-C_c$。

若 $NDVI_{678}$ 的变化趋势不显著，继续利用相关系数检验法判断 $EstNDVI_{678}$ 变化趋势的方向及其显著性，以确定是否存在方向相反而相互抵消的气候和人为因素的作用。

上述残差分析基于常规的和去趋势的回归分析结果来进行，分别称为常规回归残差法（以下记作 RR 法）和去趋势回归残差法（以下记作 DRR 法）。

11.4 结果

11.4.1 1998—2012 年西北黄土高原植被动态

图 11-2 为利用相关系数检验法（显著性水平 P 的临界值为 0.1，下同）得到的植被动态特征。由图 11-2 可知，以 SPOT VGT $NDVI_{678}$ 表达的 1998—2012 年西北黄土高原植被活动整体上呈现出增强态势。显著增强区占总面积 65.8%，偏居研究区东部。轻度增强区占 28.5%，主要位于西部。轻度减弱区约占 5.0%，主要分布在甘肃省境内兰州以北区域。显著减弱区不足 1.0%，主要零星分布于甘肃省的皋兰、白银和靖远县，宁夏自治区的银川市以及内蒙古自治区的包头市和呼和浩特市等城市扩张区。

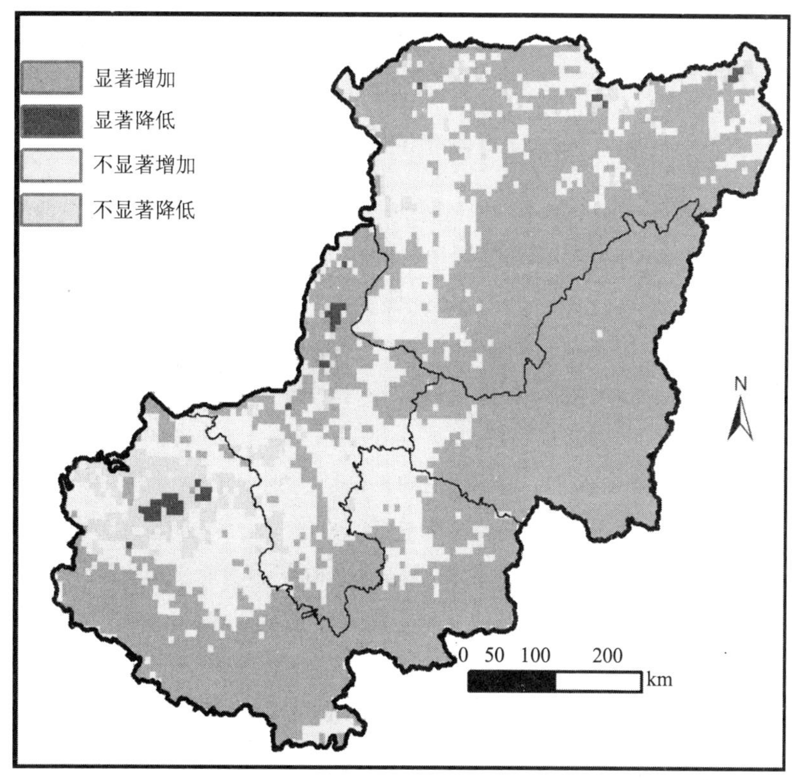

图 11-2　1998—2012 年西北黄土高原植被动态

11.4.2 RR 法对气候和人为驱动贡献率的识别结果

图 11-3（a）至图 11-3（c）是 RR 法对气候和人为驱动贡献率的识别结果。由图 11-3（a）可知，在 $NDVI_{678}$ 显著增强区内：C_c≥50%（C_h≤50%）的面积比例为 11.9%，主要

位于陕西省的榆林、横山、靖边、子洲、米脂和佳县，以及内蒙古自治区乌审旗和鄂托克旗的接壤地带；10%≤C_c<50%（50%<C_h≤90%）的面积比例达到了63.2%，分布最为广泛；C_c≈0%（C_h≈100%）的面积比例为19.6%，主要分布在前一种类型的边缘地带；−50%≤C_c<−10%（110%<C_h≤150%）的面积比例为5.3%，大致呈倒“T”字型分布于甘肃省的定西、静宁、镇原、华池和环县一带和宁夏自治区的西吉、固原、同心和灵武一带。整体来看，RR法认为植被活动增强以人为驱动为主（贡献率达76%），气候驱动的作用较弱（贡献率为24%），甚至在局部地方起到了负向作用。

由图11-3（b）可知，在$NDVI_{678}$无显著变化区内：RR法识别出在内蒙古自治区杭景旗及周边零星地方存在$EstNDVI_{678}$增加现象，这些地方的气候变化有利于植被发育，但被破坏性人类活动的加剧所抵消；在甘肃省的榆中、皋兰、白银和靖远以及宁夏自治区的西吉、海原和固原等三县的少量地方存在$EstNDVI_{678}$显著降低现象，这些地方的气候变化不利于植被活动，但人类为恢复植被做出了艰巨努力。

由图11-3（c）可知，对于$NDVI_{678}$显著减弱区而言，RR法识别的气候变化和人类活动的作用大小相当。

11.4.3 DRR法对气候和人为驱动贡献率的识别结果

图11-3（d）至图11-3（f）是DRR法对气候和人为驱动贡献率的识别结果。由图11-3（d）可知，在$NDVI_{678}$显著增强区内：DRR法识别的C_c≥50%（C_h≤50%）的面积比例仅不足1.0%，远低于RR法识别出的比例，主要见于内蒙古自治区乌审旗和鄂托克旗的接壤地带；DRR法识别出的10%≤C_c<50%（50%<C_h≤90%）的面积比例较之RR法也大幅度减小，占44.4%；相反，DRR法识别出的C_c≈0%（C_h≈100%）的面积比例较之RR法大为增加，达到了45.5%；−50%≤C_c<−10%（110%<C_h≤150%）的面积比例也有所增加，占到了8.7%；此外，DRR法还识别出了少量的、RR法没有识别出的C_c<−50（C_h>150%）栅格，主要分布在宁夏的西吉、固原等县。总体而言，DRR法和RR法都认为1998—2012年西北黄土高原的植被活动增强以人为驱动为主、气候驱动较弱，但DRR法估计的人为驱动贡献率更大，达到了92%，气候贡献率仅有8%，且气候驱动表现为负向作用的像元更多。

由图11-3（e）可知，在$NDVI_{678}$无显著变化区内，较之RR法，DRR法识别出的$EstNDVI_{678}$显著增加像元数有所减少，$EstNDVI_{678}$显著降低像元数略有增加。也就是说，DRR法认为人类活动对植被的负向作用更少一些，相反，正向作用则更多一些。

由图11-3（f）可知，对于$NDVI_{678}$显著减弱区而言，DRR法识别的气候贡献率小于人为贡献率，分别为40%和60%。

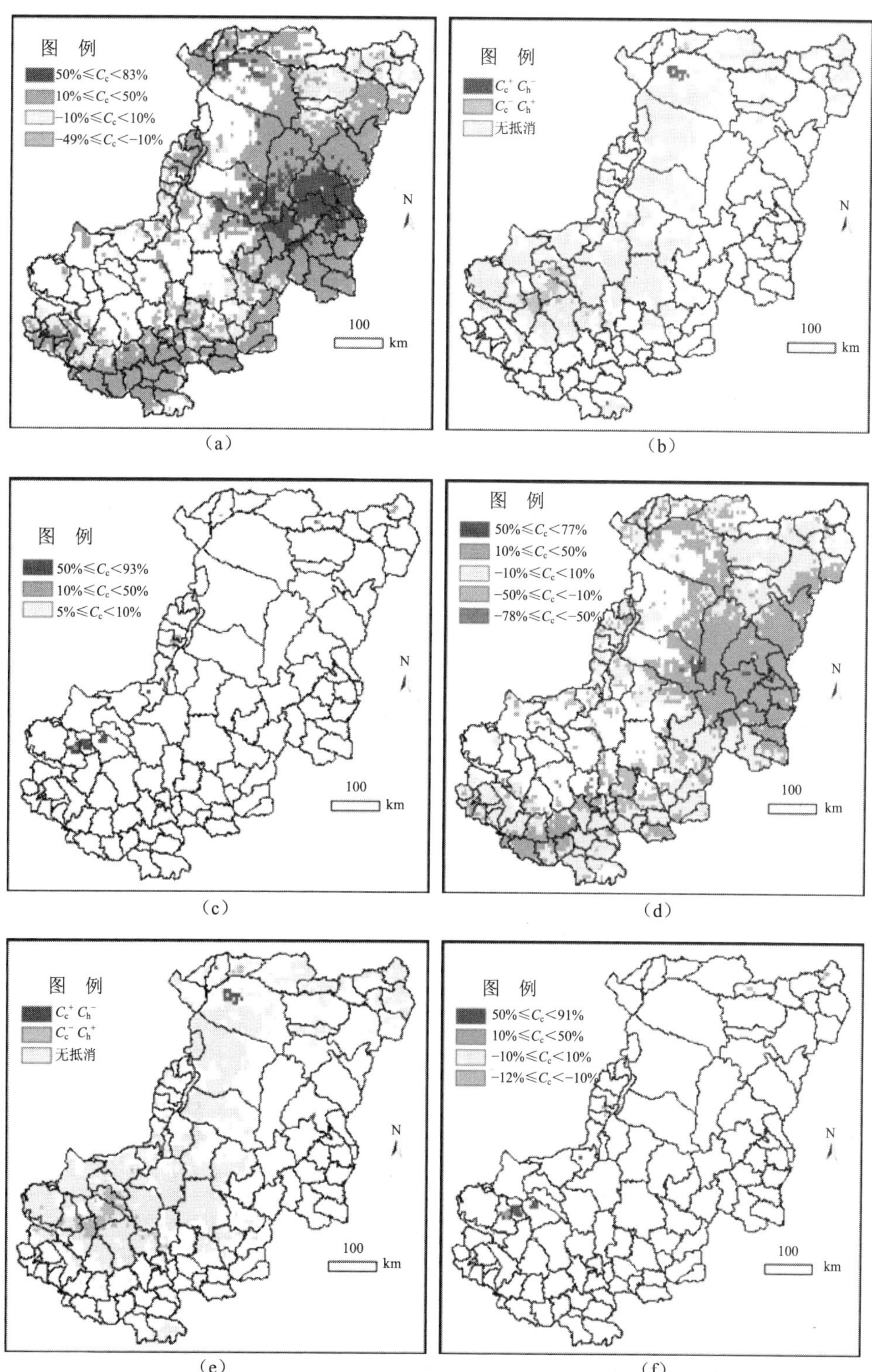

图 11-3　RR 法和 DRR 法的结果对比

11.5 讨论

11.5.1 关于人类驱动的含义

人类活动的表现形式多种多样，其变化对植被的驱动作用也相当复杂。正向人类驱动可以是植被建造活动的开展或者强度加大，也可以是破坏性人类活动强度的降低；反之，负向人类驱动可以是破坏性人类活动的出现或者强度加大，也可以是植被建造活动强度的降低。1998—2012 年来，在中国政府的生态恢复政策引导下，研究区东南部主要实施了退耕还林草政策，西北部则一直推进着持续已久的荒漠化治理工作。无论退耕还林草还是荒漠化治理，目的都是为了刺激正向人类驱动、阻止负向驱动，进而增加区域植被覆盖（Su and Fu，2013；王朗等，2010）。

11.5.2 结果的可靠性

估算气候和人为驱动在植被动态中的贡献率意义重大，但结果的验证却有相当难度（许端阳等，2009；许端阳等，2011）。本研究同时实现了新旧两种定量方法（RR 法和 DRR 法），并对两种结果进行了对比分析以期揭示新方法的特征及其可靠性。RR 法最初是由 Evans 等（2004）针对叙利亚的草地退化和荒漠化监测问题而提出，该方法一经提出即被国内外学者在干旱和半干旱地区植被变化研究中广泛使用并有所改进。西北黄土高原地区的主要生态和环境问题，由长城一线以北的草地退化和荒漠化迅速转变为广大东南部地区的过渡垦殖和水土流失，后者在植被覆盖变化的微观机理方面与前者大相径庭，但是从气候干旱且年际变异大、植被覆盖度小以及植被对气候尤其是降水响应敏感等特征来讲，该区域与 RR 法被经常使用的草地分布区具有较大共性。因此可以肯定，RR 法在西北黄土高原具有很好的适应性，周洪建等（2009）和 Zhou 等（2009）针对陕西省退耕还林还草效果评价的研究也证明了这一点。

本书提出的新方法——DRR 法，旨在解决 RR 法由于“共趋势效应”而低估人类活动作用的问题。本章第 11.4 节中的结果分析显示，1998—2012 年研究区植被活动整体上呈增强态势，DRR 法和 RR 法均认为这种增强主要是人类活动变化所造成，气候的驱动力较弱，但前者估算出的人为因素作用更强。该结论与 DDR 法理论上的特征相吻合。

此外，我们还设计了两组假定数据对 RR 法和 DRR 法进行对比测试。两组测试数据中，植被均为增加趋势，第一组数据（见附录表 1）中气候（降水）和人为驱动具有同向的作用趋势，另一组数据（见附录表 2）中具有异向趋势（降水作用为正向，人类活动变化作用为负向）。结果显示，RR 法存在严重问题，把第一组中人为因素本来 35% 的贡献率低估为 9%，而将第二组中人为因素原本−115%的贡献率低估为−30%（见附录图 1）。相反，DRR 法则能够完全正确判断（见附录图 2）。

11.5.3　未来的工作

DRR 法与 RR 法相比优势明显，但与后者一样，仍然面临着其他原因造成的诸多不确定性。后续研究内容至少包括以下两个方面：① 考虑植被响应气候的分布式滞后。本研究中对时滞现象的处理沿用了常见的累积求和办法，这种处理忽略了现实世界中普遍存在的滞后的季节性特征（Ji and Peters，2005；Udelhoven et al.，2009）。② 考虑相对湿度、风速和太阳辐射等气候因子的作用。尽管降水和气温是干旱半干旱区植被动态的主要气候控制因子，但其他气候因子的作用也不应被完全忽略（罗君等，2013）。需要特别指出的是，近年来有不少研究证明，大气 CO_2 浓度升高能够明显促进干旱半干旱区植被光合作用、提高植被生产力（Claesson and Nycander，2013）。然而，由于大气 CO_2 浓度变化的趋势性极强而年际波动很小，DRR 法和 RR 法均难以将其作用从植被动态中有效分离出来。对解决这一问题而言，“潜在剩余法”比“回归残差法”更有优势。

此外，在区分气候和人为因素贡献率的基础上，进一步区分降水和气温变化的贡献率也是重要的后续研究内容。无论 DRR 法还是 RR 法，一旦在模型中纳入了气温因子，也就具备了区分降水和气温变化贡献率的潜力。

11.6　结论

就西北黄土高原 1998—2012 年植被整体增强的原因而言，人类活动变化的贡献率达到了 92%，气候变化的影响成分仅占 8%，且在相当一部分区域表现为负向作用。同属植被活动的显著增强区，陕西省北部和鄂尔多斯高原南部的人类对植被恢复的积极作用是在气候变化比较有利的条件下所获得，而甘肃省和宁夏回族自治区接壤地带的人类对植被恢复的促进作用是与不利的气候变化进行斗争的成果。同属植被活动的无显著变化区，在甘肃省中部的榆中、皋兰、白银、靖远及其宁夏南部的部分县域内，存在气候变化的负向驱动和人为因素的正向驱动相互抵消现象，而在内蒙古自治区的杭景旗及其他零星地方，气候变化的正向驱动和人为因素的负向驱动彼此抵消了。

从方法层面来看，本研究提出的 DDR 法虽然仍存在诸多局限性，但与传统的 RR 法相比，能够很好地克服后者由于气候和人为驱动作用的“共趋势效应”而低估人为因素贡献率的问题，在未来的同类研究中具有良好的应用前景。

11.7 附录

表 1 第一组数据（降水和人为驱动具有同向的作用趋势）

年份	1	2	3	4	5	6	7	8	9	10
降水/mm	300	305	310	309	315	320	329	310	330	334
降水决定的 NDVI	0.355	0.362	0.368	0.367	0.375	0.381	0.393	0.368	0.394	0.399
人类活动引起的 NDVI 变化量	−0.010	−0.008	−0.005	−0.004	0.001	0.002	0.005	0.006	0.008	0.010
NDVI 实际值	0.345	0.354	0.363	0.363	0.376	0.383	0.398	0.374	0.402	0.409
常规回归的 NDVI 模拟值	0.339	0.348	0.357	0.355	0.366	0.375	0.391	0.357	0.393	0.400
常规回归的 NDVI 残差值	0.005 8	0.005 3	0.005 8	0.007 3	0.009 3	0.007 8	0.006 3	0.016 8	0.008 8	0.008 8
去趋势的降水/mm	315	317	318	314	317	318	324	302	318	319
去趋势的 NDVI 实际值	0.375	0.377	0.379	0.373	0.379	0.380	0.388	0.357	0.379	0.379
去趋势回归的 NDVI 模拟值	0.342	0.349	0.355	0.354	0.362	0.368	0.380	0.355	0.381	0.386
去趋势回归的 NDVI 残差值	0.002 8	0.004 8	0.007 8	0.008 8	0.013 8	0.014 8	0.017 8	0.018 8	0.020 8	0.022 8

表 2 第二组数据（降水和人为驱动具有异向的作用趋势）

年份	1	2	3	4	5	6	7	8	9	10
降水/mm	300	305	310	309	315	320	329	310	330	334
降水决定的 NDVI	0.355	0.362	0.368	0.367	0.375	0.381	0.393	0.368	0.394	0.399
人类活动引起的 NDVI 变化量	0.010	0.008	0.006	0.005	0.002	0.001	−0.004	−0.005	−0.008	−0.010
NDVI 实际值	0.365	0.370	0.374	0.372	0.377	0.382	0.389	0.363	0.386	0.389
常规回归的 NDVI 模拟值	0.372	0.376	0.380	0.379	0.384	0.388	0.395	0.380	0.396	0.399
常规回归的 NDVI 残差值	−0.006 5	−0.006 0	−0.005 5	−0.007 0	−0.007 0	−0.005 5	−0.006 0	−0.016 5	−0.009 5	−0.009 5
去趋势的降水/mm	315	317	318	314	317	318	324	302	318	319
去趋势的 NDVI 实际值	0.395	0.393	0.390	0.382	0.380	0.379	0.379	0.346	0.363	0.359
去趋势回归的 NDVI 模拟值	0.368	0.374	0.381	0.379	0.387	0.394	0.405	0.381	0.407	0.412
去趋势回归的 NDVI 残差值	−0.002 6	−0.004 6	−0.006 6	−0.007 6	−0.010 6	−0.011 6	−0.016 6	−0.017 6	−0.020 6	−0.022 6

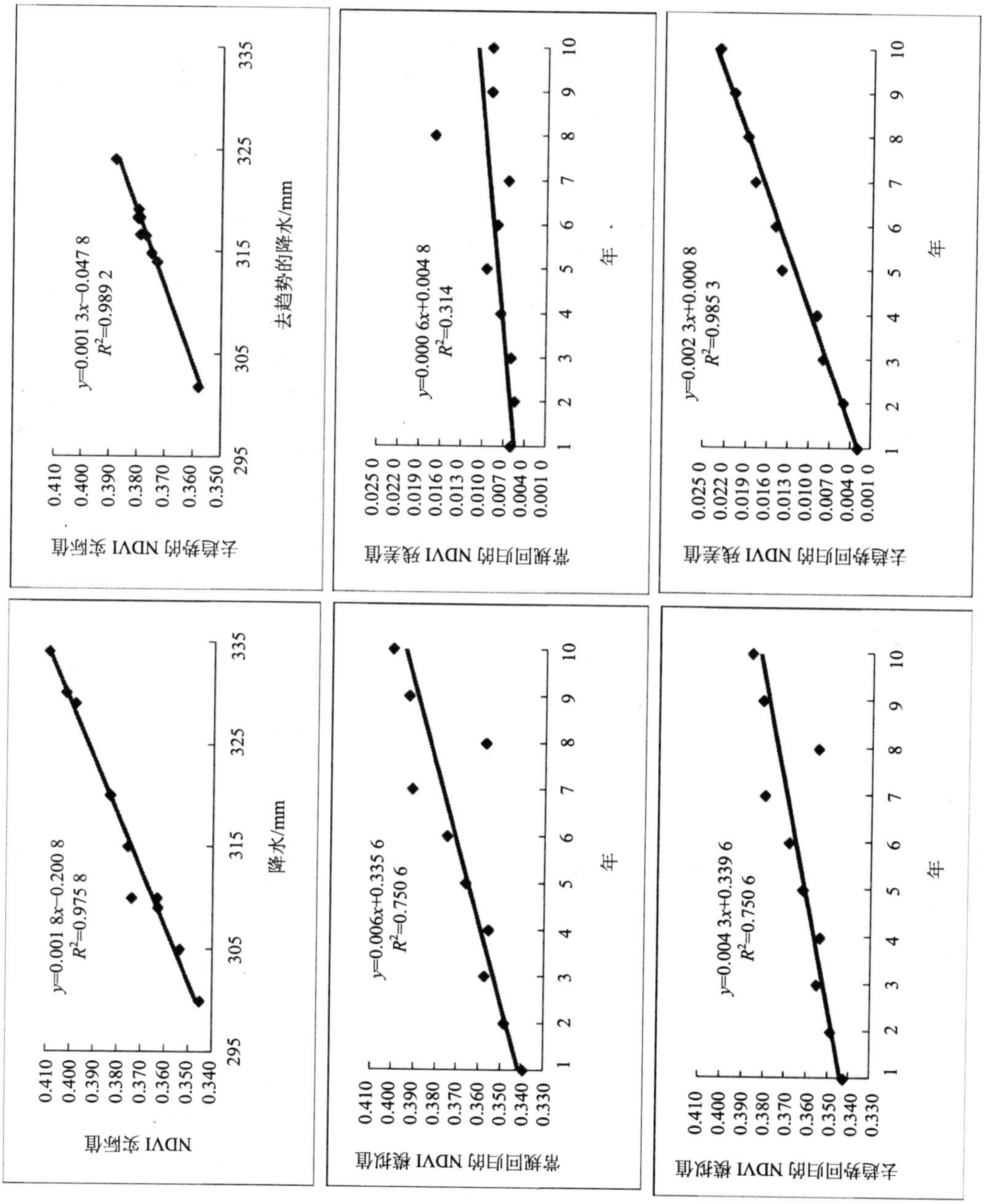

图 1　RR 法和 DRR 法对第一组测试数据的识别结果

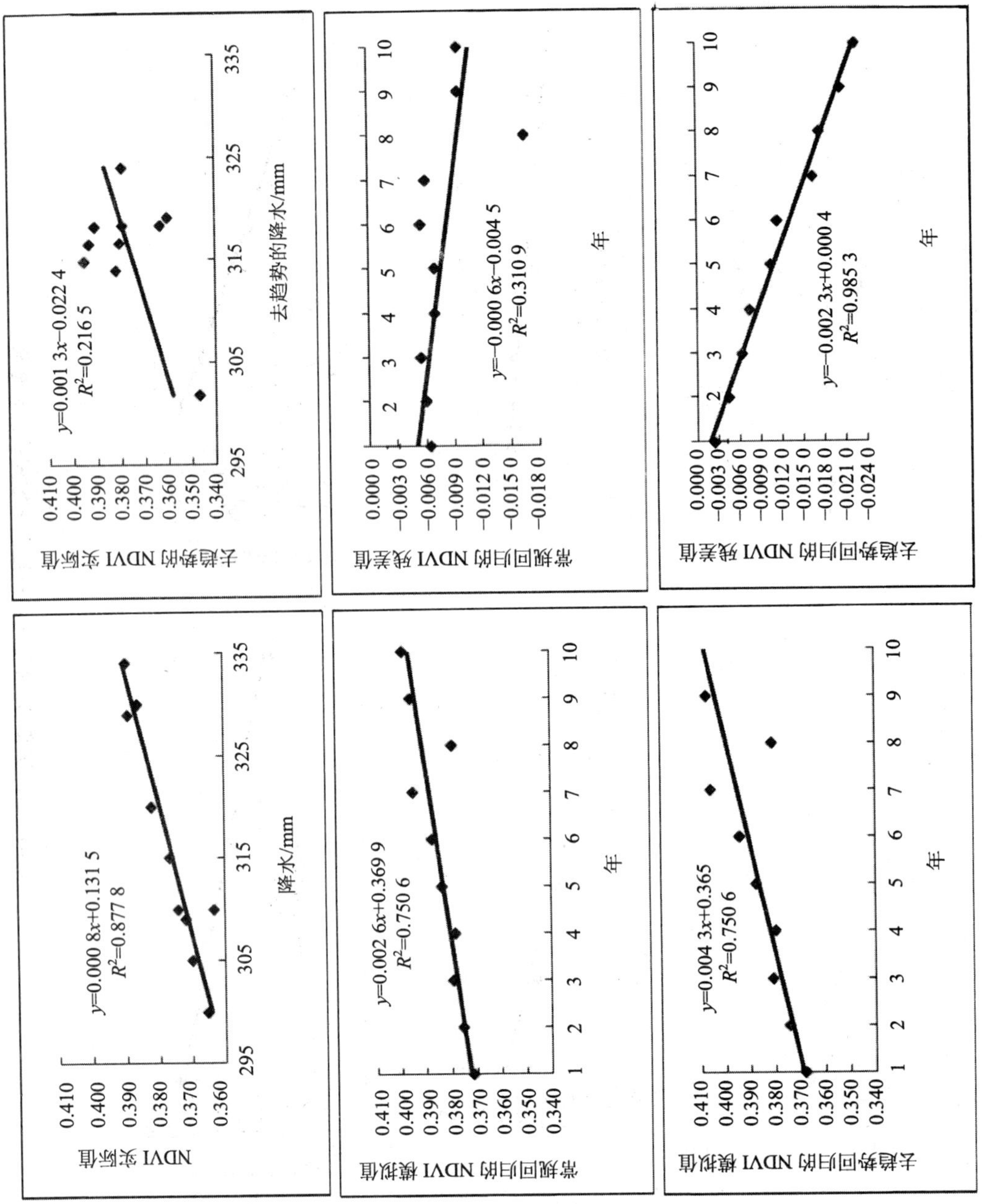

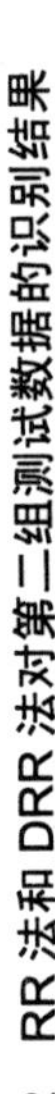

图 2 RR 法和 DRR 法对第二组测试数据的识别结果

第三篇
土地利用分类遥感应用研究

第 12 章　利用专题指数改善沙漠化土地遥感分类精度

12.1　引言

沙漠化土地分类是干旱半干旱区遥感应用的一个重要研究内容。近年来，沙漠化土地分类的精度不断提高，除了使用新型的分类方法（如：面向对象的方法）和算法（如：人工神经网络、支持向量机和决策树等）之外，另一个重要原因是分类变量的多样化，即利用不同来源或不同类型的数据辅助原始数据进行分类，从而降低“同物异谱，同谱异物”现象的影响（Koc-San and Turker，2012）。

可用的辅助数据多种多样，常见的有多时相影像、地形数据、纹理特征以及光谱变换专题指数等（Heinl et al.，2009）。各种辅助数据的使用均有一定的局限性，例如，多时相数据的获取会大大增加成本；地形数据对于地形平缓地区的影像分类作用不明显。专题指数是由特定光谱变换所得到的、对某些地理专题要素具有指示意义的指数（如植被指数）。和纹理特征一样，使用专题指数不增加成本，实践中应用比较广泛。

以往的遥感分类中常用的专题指数主要是归一化植被指数（NDVI）和缨帽变换的 3 个分量等（Dos et al.，2012）。近年来学者们陆续提出了一系列专题指数，但将这些专题指数综合起来进行土地分类的报道尚不多见。本研究开展多元专题指数参与的沙漠化土地遥感分类研究，并分析纹理特征和专题指数的相对作用，以及不同分类器对两者的响应，以期为相关研究提供借鉴。

12.2　研究区、数据及沙漠化土地分类系统

试验区为位于石羊河流域下游的民勤绿洲及周边区域。民勤绿洲属于典型的灌溉农业绿洲，其北、东、西三面被巴丹吉林沙漠和腾格里沙漠包围，地势南高北低。20 世纪 50 年代以来，随着中上游用水量的增大，石羊河流入民勤绿洲地区的水量日益减少，开采地下水成为当地人民解决生产和生活用水的主要途径，改变了民勤地区水盐的时空分布，加剧了土地利用/覆盖变化和沙漠化过程（Yang et al.，2003）。

本研究所使用的数据来源于“中国西部环境与生态科学数据中心”（http：//westdc.westgis.ac.cn）。遥感数据为 Landsat-7 的 ETM+影像（使用其中的 1～5 和 7 共 6

个波段），轨道号 131/33，获取时间为 2000 年 7 月 11 日，空间分辨率 28.5 m。利用研究区 1∶10 万地形图对遥感影像进行了几何校正。用于分类的训练和检验样本取自 2000 年的 1∶10 万中国沙漠化土地分布矢量数据，土地类型共有 7 类，分别是流动沙地（1010）、半流动沙地（1020）、半固定沙地（1030）、固定沙地（1040）、戈壁（2000）、盐碱地（3000）和非沙漠化土地（4000）。采用随机方式自动获取样本点 1 000 个，同时利用手工修改样本点位置的方式保证了小面积的土地类型对应的样本点不少于 30 个。之后，将每种土地类型样本点随机取一半分别作为训练和检验样本。

12.3 方法

12.3.1 专题指数的选择与计算

根据相关文献资料，结合研究区地表覆盖特征，本研究选择了以下 5 个专题指数参与土地分类，分别是 NDVI、NDWI（归一化水体指数）（XU et al.，2005）、NDBI（归一化裸露指数）（XU et al.，2010; Wu et al.，2005）、SI（盐分指数）（Khan and Rastoskuev，2005）、GSI（表土粒度指数）（Xiao et al.，2006）。

$$\mathrm{NDVI} = (\mathrm{band4} - \mathrm{band3})/(\mathrm{band4} + \mathrm{band3}) \tag{12-1}$$

$$\mathrm{NDWI} = (\mathrm{band2} - \mathrm{band5})/(\mathrm{band2} + \mathrm{band5}) \tag{12-2}$$

$$\mathrm{NDBI} = (\mathrm{band5} - \mathrm{band4})/(\mathrm{band5} + \mathrm{band4}) \tag{12-3}$$

$$\mathrm{SI} = \sqrt{\mathrm{band1} \times \mathrm{band3}} \tag{12-4}$$

$$\mathrm{GSI} = (\mathrm{band3} - \mathrm{band1})/(\mathrm{band3} + \mathrm{band1} + \mathrm{band2}) \tag{12-5}$$

式（12-1）～式（12-5）中，band$x$ 代表 ETM+影像的第 x 波段。为与原始波段数据取值范围一致，将各专题指数线性拉伸到 0～255。

12.3.2 纹理变量的选择与计算

利用灰度共生矩阵可以定义出大量的纹理特征。根据前人研究成果（Haralick et al.，1973；Yan，2007），选用以下 3 种统计量对于沙漠化土地分类较为适宜：

$$\mathrm{CON} = \sum_{i=1}^{n} \sum_{j=1}^{n} P(i,j) \times (i-j)^2 \tag{12-6}$$

$$\mathrm{ENT} = \sum_{i=1}^{n} \sum_{j=1}^{n} P(i,j) \times \ln P(i,j) \tag{12-7}$$

$$COR = \left[\sum_{i=1}^{n} \sum_{j=1}^{n} P(i,j) \times (i-n) \times (j-n) \right] \Big/ \left(\sqrt{(i-n)^2} \times \sqrt{(j-n)^2} \right) \tag{12-8}$$

式（12-6）～式（12-8）中，i、j 为灰度级；P（i，j）为灰度级 i、j 比邻出现的概

率；n 为灰度级总数。CON 为对比度或清晰度，纹理沟纹深则值大；ENT 为熵或粗细度，细纹密布时值大，少纹理时值小；COR 为相关性，表示行或列的相似度。纹理特征用 6 个原始波段数据的第 1 主成分来计算，窗口大小取 11×11。为与原始波段数据取值范围一致，将各纹理变量线性拉伸到 0～255。

12.3.3　实验方案

分割和面向对象的分类方法对改善高空间分辨率遥感影像的分类效果非常显著，但就中低空间分辨率数据而言，其作用要小得多，且面向对象的方法尚存在分割尺度与参数不易确定等问题（Robertson and Douglas，2011）。因此，基于像元的方法仍是影像分类，尤其是中低空间分辨率影像分类的基本方法。本研究采用基于像元的方法。

为了分析专题指数和纹理特征的参与对分类精度的影响，分类特征（输入变量）采用以下 5 种组合：原始波段、原始波段+纹理变量、原始波段+专题指数、原始波段+纹理变量+专题指数、纹理变量+专题指数。为了分析不同分类器对加入专题指数和纹理特征的响应，试验中选用了最大似然法（MLC）和人工神经网络法（BP-ANN），分别作为传统和新型分类器的典型代表。分类精度用总体精度和 Kappa 系数两个统计量来考察。

12.3.4　结果分析

10 种分类方案的精度对比情况见表 12-1。分类结果中只给出 MLC 和 ANN 各自总体精度最高的两种，见图 12-1。由表 12-1 可知：

（1）整体来看，ANN 的分类精度比 MLC 高，总体精度分别为 69.2%和 66.4%，Kappa 系数分别为 0.657 和 0.624。

（2）对于 MLC，原始波段分类精度为 61.9%；单独加入纹理变量时精度提高比较明显，为 67.8%；单独加入专题指数时精度为 62.2%，效果不佳；同时加入纹理变量和专题指数时，精度提高约 11%～12%，达到 73.3%。对于 ANN，原始波段分类精度为 68.5%，单独加入纹理变量和专题指数后，精度不仅没有提高而且均略有下降，分别为 65.5%和 66.3%，但在同时加入纹理变量和专题指数时，精度比原来提高约 2.8%，为 71.3%。上述结果表明，原始波段数据中单独加入专题指数，并不一定提高总体分类精度，在同时加入纹理变量的情况下，专题指数的作用才得以充分发挥。

表 12-1　10 种分类方案的总体精度（括号中为 Kappa 系数）

分类器	原始波段	原始波段+纹理变量	原始波段+专题指数	原始波段+纹理变量+专题指数	纹理变量+专题指数	平均
MLC	61.9%（0.559）	67.8%（0.659）	62.2%（0.541）	73.3%（0.708）	66.9%（0.651）	66.4%（0.624）
BP-ANN	68.5%（0.661）	65.5%（0.613）	66.3%（0.647）	71.3%（0.668）	74.2%（0.718）	69.2%（0.657）

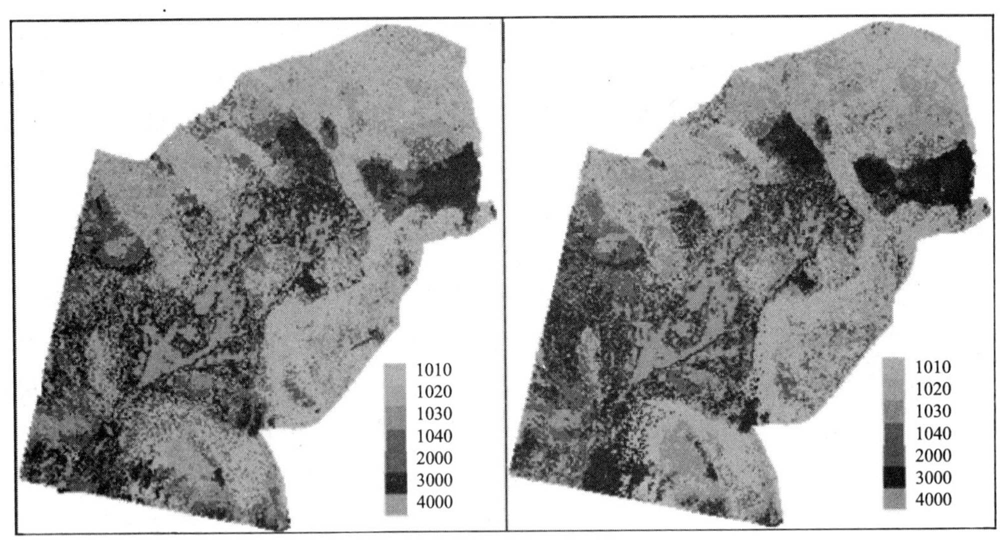

（a）MLC，原始波段+纹理变量+专题指数　　（b）BP-ANN，纹理变量+专题指数

图 12-1　分类结果图

（3）MLC 和 ANN 针对原始波段的分类精度相差较大，约 6.6%，但两者的最高分类精度非常接近（分别为 73.3%和 74.2%，差别不足 1%），且后者是在剔除原始波段数据、只有纹理变量和专题指数两种衍生变量参与分类时达到的。这进一步说明专题指数对于沙漠化土地覆盖遥感影像分类的重要性，同时也显示出 MLC 和 ANN 对输入变量的响应有所不同，后者对输入变量的组合方式更为敏感，在使用了专题指数的情况下，需要考察保留原始波段数据的必要性。

以往研究中，经常将 NDVI 等一些专题指数作为原始波段的辅助数据参与分类。由本研究实验结果可以看出，这种做法并不保证必然有效，有时甚至可能降低分类精度。

12.4　结论与展望

本研究以民勤绿洲及周边区域 ETM+数据为例，设计了 10 种实验方案来分析光谱变换专题指数和纹理特征变量的参与对沙漠化土地分类精度的影响，以及两种典型分类器——最大似然法和人工神经网络法对不同输入变量组合的响应，得出了几点有意义的结论：

（1）专题指数和纹理特征是多光谱数据的两种衍生数据，相对于其他来源的辅助数据而言，其使用既不增加数据获取成本，又对改善土地覆盖分类具有普遍意义。

（2）光谱变换产生的专题指数，本质上仍属于光谱信息，其在土地覆盖分类中的作用体现需要具备一定的条件。本研究实验中，专题指数在与纹理变量同时使用时，其作用才得以充分发挥。

（3）专题指数和纹理变量在增强土地覆盖类型可分离性的同时，增加了数据维度和冗余信息，一般情况下具有较高分类精度的分类器此时不一定表现最佳。

未来可改进的方面包括：分析各种实验方案下每种土地覆盖类型的分类精度（包括生产者精度和使用者精度）；其他光谱变换专题指数的可靠性以及区域适应性；其他分类器对原始波段、专题指数和纹理特征不同组合方式的响应规律。

第 13 章　基于光谱和纹理特征的山区高分辨率遥感影像分类

13.1　引言

高分辨率遥感影像提供地物详细的纹理、形状和光谱信息，已在土地利用/覆盖分类中广泛使用。其分类方法以人工目视解译为主，计算机自动分类通常不能满足精度要求。高原山区高分辨率遥感影像大多存在严重的地形效应，这种效应的校正比较复杂，且需要高分辨率数字高程模型等数据的支持，因此传统的基于光谱信息的自动分类方法困难重重（Giles，2001）。近年来，研究人员开始关注纹理和光谱信息相结合的分类方法，但主要是针对城市和平原地区（陈启浩等，2008）。

本研究尝试在不做地形校正的前提下，基于光谱和纹理特征进行山区高分辨率遥感影像的土地利用/覆盖分类。该方法的基本依据是地物纹理特征对地形存在一定程度的不敏感性这一人工目视解译经验。阴影是高分辨率遥感影像上普遍存在的又一干扰现象。就目前常用纹理特征统计量的定义看，阴影区和非阴影区同类地物的纹理特征值可能会有显著差异。因此，在计算纹理特征量之前有必要对阴影做一定的补偿。

13.2　方法

13.2.1　阴影补偿

阴影补偿一般需要首先检测出阴影区域。现有阴影检测算法可以分为两类：基于模型的方法和基于属性的方法（杨俊等，2008）。前者需要环境背景信息；后者则是根据影像阴影区域的共性及其与非阴影区域的差别提取阴影区域。本研究选用一种简单有效的蓝绿波段差值阈值法（虢建宏等，2006）。

为了去除远离阴影区的孤立错检点，并填充阴影区内的小孔洞，对所得阴影分布区图像进行数学形态学操作（李艳霞等，2007）：

$$I'(x,y) = f_o(f_c(I(x,y),q),q) \tag{13-1}$$

式中，$I'(x,y)$ 和 $I(x,y)$ 为运用形态学操作处理之后和之前的阴影分布区图像；f_o 为开运算；f_c 为闭运算；q 为结构元素。

阴影补偿通过逐波段匹配阴影区和非阴影区均值和方差来实现（Chen et al.，2007），形式如下：

$$\mathrm{DN}_{\mathrm{re}} = \frac{\sigma_{\mathrm{non}}}{\sigma_{\mathrm{sh}}}(\mathrm{DN}_{\mathrm{sh}} - \mu_{\mathrm{sh}}) + \mu_{\mathrm{non}} \tag{13-2}$$

式中，$\mathrm{DN}_{\mathrm{re}}$、$\mathrm{DN}_{\mathrm{sh}}$ 分别为阴影补偿结果和原始灰度值；σ_{sh} 和 σ_{non} 分别为阴影和非阴影区方差；μ_{sh} 和 μ_{non} 分别为阴影和非阴影区均值。

13.2.2 纹理特征量的选择与计算

通常的纹理分析方法分为统计方法和结构方法。共生矩阵是当前公认有效的纹理分析的一种统计方法，它通过对影像灰度级之间的二阶联合条件概率 P（i，j，d，θ）的统计来表示影像的纹理。P（i，j，d，θ）表示 $n \times n$ 窗口内给定空间距离 d 和空间方向 θ（0°、45°、90°、135°）时，以灰度级 i 为始点，出现灰度级 j 的概率，分析时取 4 个方向的均值。为解决因灰度级数目大而导致灰度共生矩阵太大的问题，常将原始影像变换为 16、32 或 64 级的灰度图像。

利用灰度共生矩阵可以定义出大量的纹理特征（Haralick et al.，1973）。根据前人研究成果（颜梅春，2007；郭德军和宋蛰存，2005），选用以下 3 种统计量对于区分土地利用/覆盖类型较为适宜：

$$\mathrm{CON} = \sum_{i=1}^{n}\sum_{j=1}^{n} P(i,j) \times (i-j)^2 \tag{13-3}$$

$$\mathrm{ENT} = \sum_{i=1}^{n}\sum_{j=1}^{n} P(i,j) \times \ln P(i,j) \tag{13-4}$$

$$\mathrm{COR} = \left[\sum_{i=1}^{n}\sum_{j=1}^{n} P(i,j) \times (i-n) \times (j-n)\right] \Big/ \left(\sqrt{(i-n)^2} \times \sqrt{(j-n)^2}\right) \tag{13-5}$$

式中，i、j 为变换后的灰度级；P（i，j）为灰度级 i、j 比邻出现的概率；n 为灰度级总数。CON 为对比度或清晰度，纹理沟纹深则值大；ENT 为熵或粗细度，细纹密布时值大，少纹理时值小；COR 为相关性，表示行或列的相似度。

这里需要特别指出，纹理特征计算针对纹理最明显的某一单波段数据或者多波段合成数据即可。

13.2.3 土地利用/覆盖分类

在进行阴影补偿并获取了上述几种纹理特征影像（CON、ENT 和 COR）之后，将它们与原始影像进行组合，形成一幅多波段影像用于土地利用/覆盖分类。具体方法与传统的基于光谱信息的分类方法完全相同，如监督或非监督的最大似然分类法、人工神经网络分类法等，这里不再赘述。

13.3 实验数据与结果分析

实验所用数据为标准图幅 I48G050027Quickbird 全色和多光谱融合影像的一部分，空间分辨率 0.5 m，有红、绿、蓝三个波段。实验区位于甘肃省迭部县境内，属于青藏高原东部边缘，地形落差大，土地利用/覆盖类型复杂，影像的地形效应明显，且有大面积阴影分布，对本研究而言具有代表性。

图 13-1 为原始影像。图 13-2 为使用蓝绿波段差值阈值法提取并经的形态学（式(13-1)）运算之后的阴影分布，其中蓝绿波段差值的阈值取−10，形态学闭运算和开运算的结构元素 q 为 3 个像元。通过反复试验发现，蓝绿波段差值阈值法能够有效区分阴影和水体（白龙江），但结果对阈值比较敏感。图 13-3 为经分波段阴影补偿（式(13-2)）之后的合成影像。可以看出，阴影补偿后的影像色调比较合理，纹理更加清晰，但也存在一定程度的过度补偿问题。图 13-4 至图 13-6 分别为利用式（13-3）至式（13-5）计算的纹理特征影像 CON、ENT 和 COR，均在红、绿、蓝三个波段求和基础上计算，窗口大小为 3×3，距离 d=1。

图 13-1 原始影像

图 13-2 阴影分布

图 13-3 阴影补偿后影像

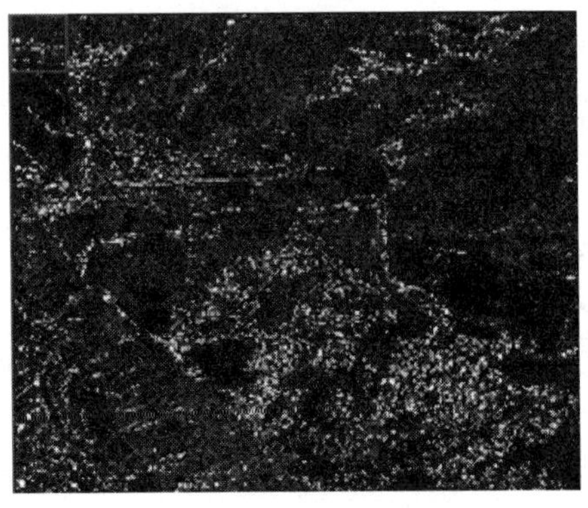

图 13-4 CON 影像

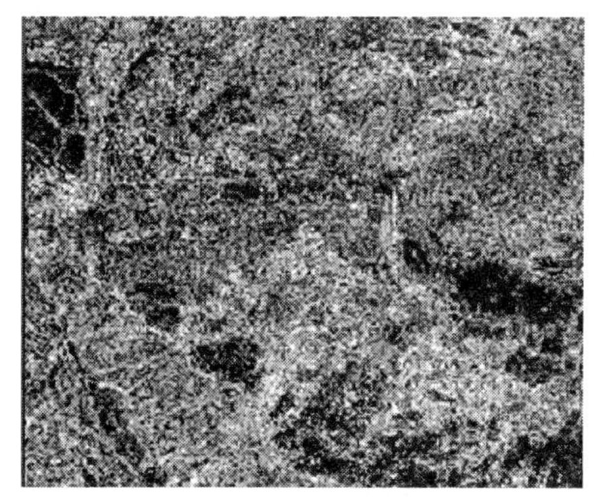
图 13-5　ENT 影像

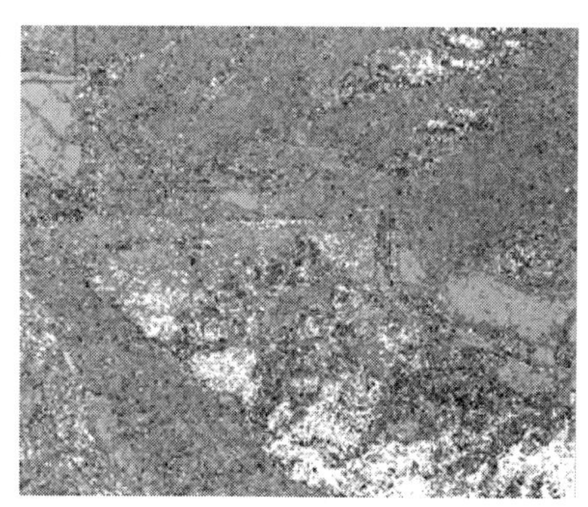
图 13-6　COR 影像

在分类阶段，本研究采用了监督的最大似然法。训练样本和检验样本来自于人工影像判读并进行实地调查验证。依据研究区实际情况，土地利用/覆盖类型分为耕地、园地、有林地、灌木林地、草地、水体、居民地、道路和未利用地共 9 种类型。无论用什么分类方法，分类结果中都会产生一些面积很小的图斑。从符合实际应用的要求，做分类后处理，对小图斑进行剔除，最小图斑面积取 160 个像素（40 m^2）。图 13-7 为本研究分类操作的最终结果，表 13-1 为相应的精度评价。可以看出，耕地、灌木林地、草地和未利用地的分类精度比较高，而园地、有林地、水体、居民地和道路的分类精度相对较低。其中园地最低，仅 0.62，而灌木林最高，达 0.93。总体分类精度为 0.78。

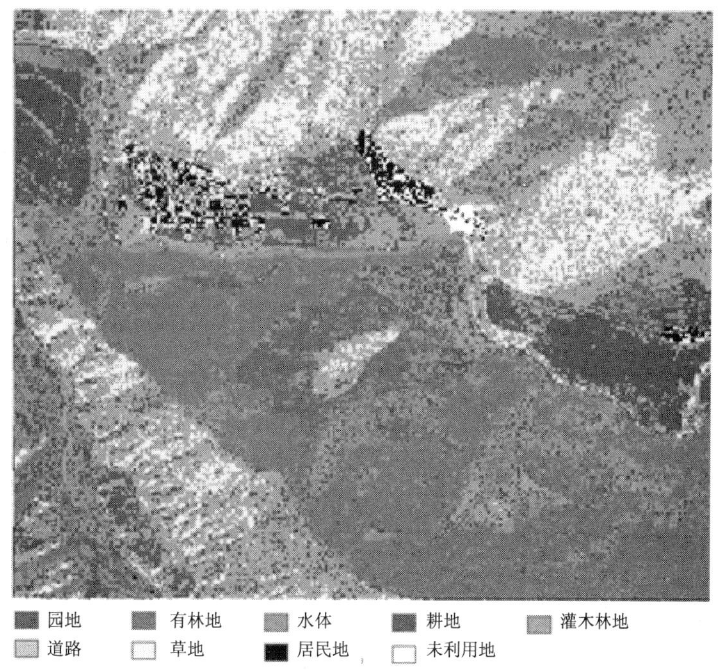

图 13-7　土地利用/覆盖分类结果

表 13-1 土地利用/覆盖分类结果评价

	耕地	园地	有林地	灌木林	草地	水体	居民地	道路	未利用	总精度
耕地	1 427	23	21	—	40		28	46	—	
园地	15	523	257	5	12	9	—	—	—	
有林地	6	235	1 236	39	—	40	—	—	—	
灌木林	2	55	125	588	61	—	—	—	—	
草地	126	2	9	—	1 029	41	—	—	1	
水体	2	2	—	—	6	286	25	4	—	
居民地	5	1	42	—	—	—	218	20	2	
道路	70	—	—	—	—	44	21	165	2	
未利用	6	—	3	—	21	6	6	4	43	
各类精度	0.86	0.62	0.73	0.93	0.88	0.67	0.73	0.69	0.90	0.78

13.4 结论

高分辨率遥感影像（尤其是高原山区）的土地利用/覆盖自动分类技术还远不能满足实际生产需求。地形效应和阴影效应是两个普遍而严重的干扰因素。本研究从地物纹理特征对地形存在一定程度的不敏感性这一人工目视解译经验出发，尝试了在不做地形校正而只做阴影补偿的前提下，将光谱信息和纹理特征相结合进行山区高分辨率遥感影像的土地利用/覆盖分类。实验取得了78%的分类精度，表明该方法合理可行，具有一定的实用性。

蓝绿波段差值阈值法能够有效区分阴影和水体，但结果对阈值比较敏感，该方法中阈值的自适应确定或者与其他方法的结合值得继续讨论。阴影补偿的效果比较明显，但存在一定程度的过度补偿问题，其对分类结果精度的影响需要更加深入的评价。文中使用了最大似然法分类、人工神经网络等新型分类技术的引入可能会进一步提高分类精度。

第 14 章　基于 DTM 的黄土丘陵沟壑区太阳辐射值计算模型及应用研究

在黄土丘陵沟壑区，较为复杂的地形条件是造成太阳辐射能分布空间差异的主要原因，太阳辐射能的差异又是小区域气温分布空间差异形成的主要因素之一，其分布特性在决定自然植被分布状况方面具有重要作用。认识这一规律，可为退耕还林、还草项目规划设计，提供微观决策依据，同时也是退耕还林、还草工程能够取得持久显著的生态效益和经济效益的基础。

14.1　研究思路与方法

14.1.1　研究思路

经纬度位置、地形特征及周围地形遮蔽状况、大气透射等是决定地面点在特定时段内接受太阳辐射能量的主要因素。由于云量、大气透明度等大气透射因子是随机连续可变的，一方面准确模拟其分布和变化尚有难度，另一方面就小区域而言，其对区内各点的影响力相近。因此，笔者在研究中将大气透射因子的影响看作常数，取经验值，将高程、坡度、坡向、周围地形遮蔽状况等重要地形特征和经纬度位置作为影响太阳辐射空间分布差异的变量，在地理信息系统（GIS）支持下，利用黄土丘陵沟壑区数字高程模型（DTM），建立太阳辐射值计算模型。

14.1.2　研究方法

首先以 1∶10 000 地形图为信息源，采集地面格网点绝对高程数值，建立研究区 DEM，在 GIS 软件支持下获得基本地形特征参数；然后将地形特征参数等数据导入太阳辐射计算程序，求出理论太阳辐射值；最后再将计算结果导入 GIS 软件，生成太阳辐射分布图，实现研究结果的可视化表达。

研究中使用了桌面 GIS 软件 ARCVIEW3.2 及其扩展模块 3D Analyst 和 Spatial Analyst，笔者利用 Visual Studio 6.0 开发了太阳辐射计算程序。

14.2 太阳辐射值的计算

14.2.1 计算每日赤纬和平地无遮蔽日出日落时角

赤纬由以下公式给出：

$$\delta=0.3727+23.2567\sin\theta+0.1149\sin\theta-0.1712\sin3\theta-0.758\cos\theta+0.3656\cos2\theta+0.0201\cos3\theta \tag{14-1}$$

式中，θ为日角；N为积日，$\theta=2\pi t/365.442$；$t=N-N_0$，$N_0=79.6764+0.2422\times$（年份−1985）−INT（(年份−1985）/4)。

平地无遮蔽日出日落时角可由下式确定：

$$\omega=\arccos(-\mathrm{tg}\varphi\mathrm{tg}\delta) \tag{14-2}$$

式中，φ为该区纬度；ω在日出时取负值，日落时取正值。

14.2.2 计算任一栅格平地遮蔽角

将平地无遮蔽太阳可照时段离散化。根据试验，在黄土丘陵沟壑区间隔取 5°（20 min）为宜。任一离散时刻的太阳高度角和方位角由太阳视轨道方程确定（翁笃鸣，1999）：

$$\sin h=\sin\varphi\sin\delta+\cos\varphi\cos\delta\cos\omega \tag{14-3}$$

$$\sin A=\cos\delta\cos\omega/\cos\omega \tag{14-4}$$

式中，h为太阳高度角；A为太阳方位角。

在任一栅格某时刻的太阳方位角方向上进行搜索，找出相对于所求栅格具有最大倾角的栅格，该倾角即为此刻的平地太阳遮蔽角。

14.2.3 计算任一栅格坡地太阳高度角

具有坡度α和坡向β的任一栅格在某时刻的坡地太阳高度角设为$h_{\alpha\beta}$。若太阳遮蔽角大于太阳高度角，则记$h_{\alpha\beta}=0$，否则$h_{\alpha\beta}$由下式确定（陈晓峰，1998）：

$$\sin h_{\alpha\beta}=\sin h\cos\alpha+\cos h\sin\alpha\cos(A-B) \tag{14-5}$$

若$\sin h_{\alpha\beta}<0$，亦记为 0。

14.2.4 任一栅格太阳直接辐射

瞬时太阳直接辐射强度由下式计算（傅抱璞，1994）：

$$I = I_0 \sin h_{\alpha\beta} / [\rho^2 (1 + c / \sin h)] \quad (14\text{-}6)$$

式中，I_0 为太阳常数；ρ为日地半径；c 为与大气透明度有关的参数。据有关文献研究结果，本研究中 c 值取 0.65。

于是每时段的太阳直接辐射可近似计算为：

$$I_{\Delta} = (I_{i+1} + I_i)/2 \times \Delta t \quad (14\text{-}7)$$

由此式计算，可累加得日、月、年任一栅格单位面积上的直接太阳辐射总量。

14.2.5　任一栅格的散射辐射

根据翁笃鸣等的研究，任意坡度α坡向β的栅格的散射辐射可以用下式表示（王权，1998）：

$$D_{\alpha\beta} = (1 + \cos\alpha) \times D_0 \times VF/2 \quad (14\text{-}8)$$

式中，D_0 为平地（无遮蔽情况下）散射辐射量。

太阳辐射为直接辐射、散射辐射和反射辐射的总和。由于到达地面的反射辐射量很小，故可忽略。因此，本研究中计算的任一栅格太阳辐射为直接辐射和散射辐射之和。

14.3　研究区 DTM 的建立

14.3.1　研究区环境特征分析

根据研究任务要求，研究区选在甘肃省榆中县城以南。该区属黄土丘陵沟壑地貌区，地形崎岖，海拔 2 000～2 300 m，地势东北高西南低，地面坡度较大。研究区东北部以黄土墚峁沟壑为主，山体基本为南北走向，西南部以黄土丘陵为主，地形较开阔，中部有占研究区面积约 14%的河流谷地。研究区年降水量约 400 mm，自然植被类型是以云杉、松、柏、杨、桦等为主的针阔混交林和灌木林。从整个自然条件看，适宜发展林业生产。该区人口较多，坡耕地比重大，农作物产量低，水土流失严重，生态环境脆弱，退耕还林、还草任务艰巨。

14.3.2　研究区 DEM 的生成

数字高程模型（DEM）是提取高程、坡度、坡向等地形基本特征参数的基础。将研究区 1∶10 000 地形图扫描，利用屏幕跟踪技术完成等高线的数字化，然后在 ARCVIEW3.2 的 Spatial Analyst 环境下通过插值建立 25 m×25 m 的高程数据格网，生成研究区的 DEM。

14.3.3 基本地形特征要素的提取

用所求栅格和相邻栅格拟合空间平面，其方程为 $Z=ax+by+c$，该平面法线与水平面之间的夹角即为坡度角：

$$\alpha = \text{arcsec}\left(\sqrt{a^2+b^2+1}\right) \tag{14-9}$$

法线在水平面上的投影方位角即为方位角：

$$\beta = \text{arctg}(b/a) \tag{14-10}$$

统计结果，研究区平均海拔为 2 272 m，标准差 75 m；平均坡度为 18.5°，标准差 6.1；平均坡向为 191°，标准差 102°；可视度均值为 0.782 5，标准差 0.11。

14.3.4 可视度计算

可视度定义为栅格中心所能见到的天空份数。从正北方向起算，每隔一个角度增量 $\Delta\varepsilon$作一射线，搜索射线所经过或靠近栅格中与所求栅格具有最大倾角的栅格，并记录该倾角（H_i）。可视度 VF 的计算公式为：

$$VF = 1-\sum \sin(H_{i+1}-H_i)\times \Delta\varepsilon/360 \tag{14-11}$$

经多次试验计算，在黄土丘陵沟壑地区，$\Delta\varepsilon$取 5°比较适宜。

14.4 基于 DTM 的太阳辐射能分布计算及分析

14.4.1 太阳辐射能计算模型的实现

模型中基本地形参数可以利用现有 GIS 软件的空间分析功能直接获得，但可视度、遮蔽角、太阳高度角和方位角等参数计算较为复杂。当格网间隔较小时，虽然计算精度可以提高，但随着研究区面积的增加，搜索过程相当费时。因此，笔者在程序设计时采取了一些简便算法，提高了搜索效率。

研究区位于 35°42′N 附近，太阳方位角在任何时候应在 90°～270°之间，所以获取遮蔽角时只需搜索每个栅格以南的所有栅格即可。判断搜索射线经过或靠近哪些栅格时，采用一定方法也可将绝大部分干扰栅格提前排除。计算任一栅格的遮蔽角和可视度时，考虑到黄土丘陵沟壑区的具体地形特征，事先设定搜索半径，可提高计算效率，且对计算结果精度影响不大（图 14-1）。

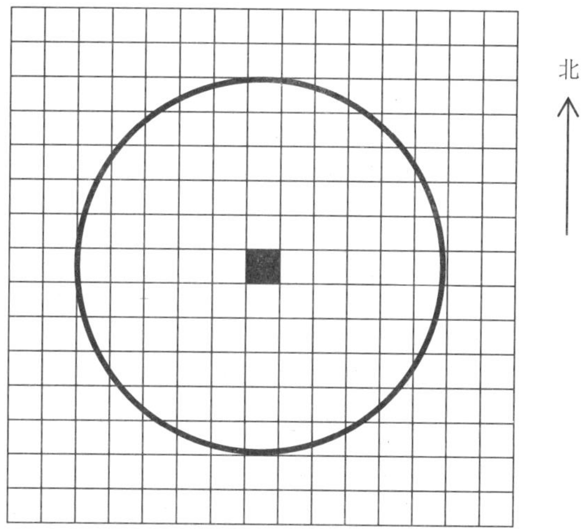

图 14-1　栅格搜索示意图

14.4.2　研究区太阳辐射能分布的可视化表达

在 Visual Basic 6.0 环境下开发的太阳辐射能计算模型，当生成 DTM 提取地形参数之后，输入研究区经纬度、太阳常数、大气透明度、求值起讫日期等有关参数后，即可获得研究区太阳辐射分布数值，将计算结果导入 GIS 软件，可实现太阳辐射分布的可视化表达和辐射值数据的浏览或输出。图 14-2 是典型试验区 3 月 1 日至 7 月 31 日的理论太阳辐射值分布图。

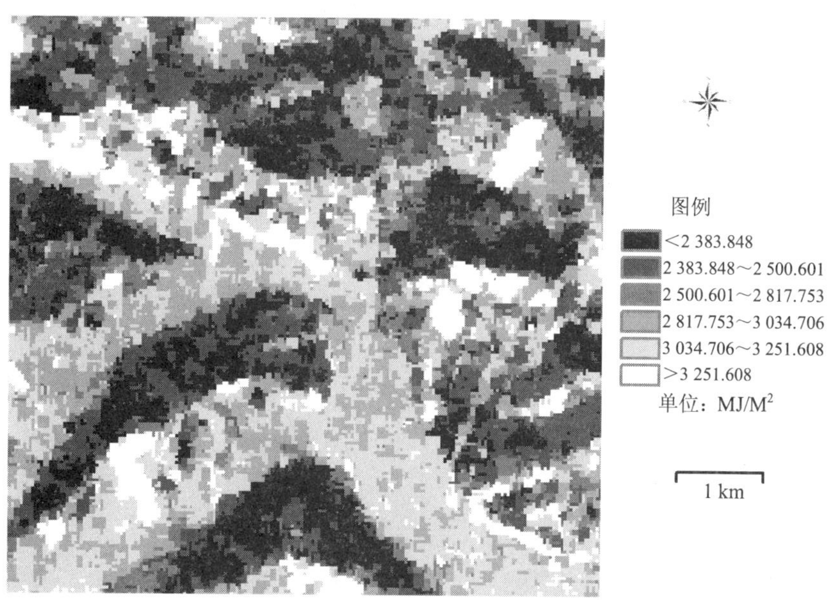

图 14-2　典型试验区理论太阳辐射值分布图

14.4.3 研究区太阳辐射能分布特征分析

研究区 3 月 1 日至 7 月 31 日时段太阳辐射平均值为 3 034.7 MJ/m^2；最小值 2 157.3 MJ/m^2，最小值所在栅格的绝对高程 2 205 m，坡度 42°18′，坡向 1°15′，可视度 44%；最大值 3 280.4 MJ/m^2，最大值所在栅格的绝对高程 2 353 m，坡度 17°48′，坡向 151°54′，可视度 87%；标准差 216.95 MJ/m^2。

将太阳辐射值分布图与 DTM 进行叠置分析，表明各项地形因子对太阳辐射能的分布影响机制比较复杂，总体来看影响程度从强到弱依次为坡向、可视度、绝对高程、坡度。在坡向接近 180°、可视度越大、海拔越高、坡度为 15°～20°的区域，太阳辐射值较大；相反，坡向接近 0°、可视度越小，海拔越低、坡度越大的区域，太阳辐射值较小。分析表明，太阳辐射与各项地形因子之间并不存在线性相关关系，因此对其作多元回归分析难以得到有价值的结论，这也正是本研究介绍太阳辐射快速求解算法的原因所在。

14.5 结论

本研究所述太阳辐射的计算模型，充分考虑了各项地形因子的综合作用，尤其是地形遮蔽和可视度的影响。以通用 GIS 软件插值计算所得 DTM 数据为基础，运用该计算模型，可以快速地获取较为精确的小区域理论太阳辐射空间分布值，并为进一步建立黄土丘陵沟壑区温度分布模型奠定了基础，对土地资源评价和指导退耕还林、还草工作具有一定的实践价值和理论意义。但该计算模型由于无法准确模拟大气透射，未考虑散射辐射的各向异性，所以计算结果与实际太阳辐射值有一定偏差。

参考文献

[1] Alcaraz D，Paruelo J，Cabello J. Identification of current ecosystem functional types in the Iberian Peninsula. Global Ecology and Biogeography，2006，15（2）：200-212.

[2] Anyamba A，Tucker C J. Analysis of Sahelian vegetation dynamics using NOAA-AVHRR NDVI data from 1981 to 2003. Journal of Arid Environments，2005（63）：596-614.

[3] Ashcroft M B. A method for improving landscape scale temperature predictions and the implications for vegetation modelling. Ecological Modelling，2006，197（3-4）：394-404.

[4] Bai Z，Bartholomeus H M，Schaepman M E. Assessing land degradation and improvement using NASA GIMMS，Shaanxi，China.In：Remote sensing and geoinformation processing in the assessment and monitoring of land degradation and desertification//The RGLDD Conference Trier，2005：128-135.

[5] Balling R C. Impact of desertification on regional and global warming. Bulletin of the American Meteorological Society，1991，72：2232-2234.

[6] Berry L，Ford R B. Recommendations for a System to Monitor Critical Indicators in Areas Prone to Desertification. Mas-sachusetts：Clark University，1977.

[7] Binns T. Is Desertification a Muth？ Geography，1990，75：106-113.

[8] Boer M M，J Puigdefábregas. Predicting potential vegetation index values as a reference for the assessment and monitoring of dryland condition. International Journal of Remote Sensing，2003，24（5）：1135-1141.

[9] Boer M M，Puigdefabregas J. Assessment of dryland condition using remotely sensed anomalies of vegetation index values. International Journal of Remote Sensing，2005，26（20）：4045-4065.

[10] Boschetti M，Nutini F，Brivio P A，et al.. Identification of environmental anomaly hot spots in West Africa from time series of NDVI and rainfall. ISPRS Journal of Photogrammetry and Remote Sensing，2013，78：26-40.

[11] Brown D G. Predicting vegetation types at treeline using topography and biophysical disturbance variables. Journal of Vegetation Science，1994，5：641-656.

[12] Brunsell N A. Characterization of land-surface precipitation feedback regimes with remote sensing. Remote Sensing of Environment，2006，100（2）：200-211.

[13] Brzeziecki B，Kienast F，Wildi O A. Simulated map of the potential natural forest vegetation of Switzerland. Journal of Vegetation Science，1993，4：499-508.

[14] Budde M E，Rowland J. Assessing land cover performance in Senegal，West Africa using 1 km integrated NDVI and local variance analysis. Journal of Arid Environments，2004（59）：481-498.

[15] Budyko，M I. Climate and Life. Academic Press，New York，NY，1974：508.

[16] Carlson，T N，Perry E M，Schumugge T J. Remote estimation of soil moisture availability and fractional vegetation cover for agricultural fields. Agricultural and Forest Meteorology，1990，52：45-69.

[17] Chang，K T，Li Z. Modelling snow accumulation with a geographic information system. International Journal of Geographical Information Science，2000，14（7）：693-707.

[18] Charney J G，Quirk W J，Chow S，et al.. A comparative study of the effects of albedo change on drought in semi-arid regions. Journal of Atmospheric Science，1977，34：1366-1385.

[19] Charney J G，Stone P H，Quirk W J. Drought in the Sahara：a biogeophysical feedback mechanism. Science，1975（187）：434-435.

[20] Chen J，Jonsson P，Tamura M，et al.. A simple method for reconstructing a high-quality NDVI time-series data set based on the Savitzky-Golay filter. Rem.Sens.Environ.，2004，91：332-344.

[21] Chen Y，Wen D，Jing L，et al.. Shadow information recovery in urban areas from very high resolution satellite imagery. International Journal of Remote Sensing，2007，28（15）：3249-3254.

[22] Claesson J，Nycander J. Combined effect of global warming and increased CO_2-concentration on vegetation growth in water-limited conditions. Ecological Modelling，2013，256：23-30.

[23] Clif A，Ord J. Spatial Autocorrelation. London，1973.

[24] De Jong R，Schaepman M E，Furrer R，et al.. Spatial relationship between climatologies and changes in global vegetation activity. Glob Chang Biol，2013，19（6）：1953-1964.

[25] Dijk A V，Callis S L，Sakamoto C M，et al.. Smoothing Vegetation Index Profiles，an Alternative Method for Reducing Radiomet ric Disturbance in NOAA/AVHRR Data. Photogrammet ric Engineering and Remote Sensing，1987，33：1059-1067.

[26] Diouf A，Lambin E F. Monitoring land-cover changes in semi-arid regions：remote sensing data and field observations in Ferlo，Senegal. Journal of Arid Environments，2001（48）：129-148.

[27] Dos S，Jefersson A，Gosselin P. Multiscale Classification of Remote Sensing Images. IEEE transactions on geoscience and remote sensing，2012，50（10）：3764-3775.

[28] Dregne H E. 沙漠化指征. 韩清译. 世界沙漠研究，1980（3）：1-4.

[29] Dymond C C，Johnson E A. Mapping vegetation spatial patterns from modeled water，temperature and solar radiation gradients. Photogrammetry and Remote Sensing，2002，57：69-85.

[30] Evans J P，Geerken R. Discrimination between climate and human induced dryland degradation. Journal of Arid Environments，2004，57（4）：535-554.

[31] Fang J Y，Piao S L，Tang Z Y，et al.. Interannual variability in net primary production and precipitation. Science，2001，293：1723a.

[32] Fang J Y, Song Y C, Liu H Y, et al.. Vegetation-climate relationship and its application in the division of vegetation zone in China. Acta Botanic Sinica, 2002, 44（9）: 1105-1122.

[33] FAO/UNEP. Provisional methodology for assessment and mapping of desertification. Rome: FAO, 1984.

[34] Fensholt R, Langanke T, Rasmussen K, et al.. Greenness in semi-arid areas across the globe 1981—2007——an Earth Observing Satellite based analysis of trends and drivers. Remote Sensing of Environment, 2012, 121: 144-158.

[35] Fischer H S. Simulating the distribution of plant communities in an alpine landscape. Coenoses, 1990, 5: 37-43.

[36] Foody G M. Geographical weighting as a further refinement to regression modelling: an example focused on the NDVI-rainfall relationship. Remote Sensing of Environment, 2003, 88: 283-293.

[37] Franklin J. Predictive Vegetation Mapping: Geographic Modeling of Biospatial Patterns in Relation to Environmental Gradients. Progress in Physical Geography, 1995（19）: 494-519.

[38] Giles P. Remote sensing and cast shadows in mountainous terrain. Photogrammetric Engineering & Remote Sensing, 2001, 67（7）: 833-839.

[39] Gong D Y, Shi P J. Northern hemispheric NDVI variations associated with large scale climate indices in spring. J Remote Sensing, 2003, 24（12）: 2559-2566.

[40] Goward S N, Prince S D. Transient effects of climate on vegetation dynamics: satellite observations. Journal of Biogeography, 1995, 22（2-3）: 549-563.

[41] Grainger A, Stafford Smith M, Glenn E P, et al.. Desertification and climate change: the case for greater convergence. Mitigation and Adaptation Strategies for Global Change, 2000, 5: 361-377.

[42] Grainger A. Characterization and assessment of desertification processes. In Chapman G.P.（ed.）. Proceedings of Conference on Grasses of Arid and Semi-Arid Regions, Linnean Society, 1992: 17-33.

[43] Guisan A, Theurillat J-P, Kienast F. Predicting the potential distribution of plant species in an alpine environment. Journal of Vegetation Science, 1998（9）: 65-74.

[44] Haralick R, Shanmugam K, Dinstein I. Textural Features for Image Classification. IEEE Transaction on Systems, Man, Cybernetics, SMC-1973, 3（6）: 610-621.

[45] Haxeltine A, Prentice I C. Biome3: an equilibrium terrestrial biosphere model based on ecophysiological constraints, resource availability, and competition among plant functional types. Global Biogeochemical Cycles, 1996（10）: 693-709.

[46] Hein L, De Ridder N. Desertification in the Sahel: a reinterpretation. Global Change Biology, 2006, 12（5）: 751-758.

[47] Heinl M, Walde J, Tappeiner G, Tappeiner U. Classifiers vs. Input Variables The Drivers in Image Classification for Land Cover Mapping. International Journal of Applied Earth Observation and Geoinformation, 2009, 11（6）: 423-430.

[48] Helldén U，Tottrup C. Regional desertification：A global synthesis. Global and Planetary Change，2008，64（3-4）：169-176.

[49] Hellden U. Desertification——Time for An Assessment？ Ambio，1991，20（8）：372-383.

[50] Hermann S M，Anyamba A，Tucker C J. Recent trends in vegetation dynamics in the African Sahel and their relationship to climate. Global Environmental Change，2005，15（4）：394-404.

[51] Hickler T，Eklundh L，Seaquist J W，et al.. Precipitation controls Sahel greening trend. Geophysical Research Letters，2005，32（4）：214-215.

[52] Holben B. Characteristics of maximum value composite images from temporal AVHRR data. International Journal of Remote Sensing，1986（6）：1271-1328.

[53] Holdridge L R. Determination of world plant formations from simple climate data. Science，1947（105）：367-368.

[54] Holm A M R，Cridland S W，Roderick M L. The Use of Time-Integrated NOAA NDVI Data and Rainfall to Assess Landscape Degradation in the Arid Shrubland of Western Australia. Rem.Sensing Environment，2003，85：145-158.

[55] Huete A R. A soil adjusted vegetation index（SAVI）. Remote Sensing of Environment，1988，25：295-309.

[56] Huxman T E，Smith M D，Fay P A et al.Convergence across biomes to a common rain-use efficiency. Nature，2004，429：651-654.

[57] Ichii K，Kawabata A，Yamaguchi Y. Global Correlation Analysis for NDVI and Climatic Variables and NDVI Trends；1982—1990. International Journal of Remote Sensing；2002，23（18）：3873-3878.

[58] INCD. Internat ional Convent ion to Combat Desertification. New York：United Nations General Assembly，1994.

[59] Ji L，Peters A J. Lag and seasonality considerations in evaluating AVHRR NDVI response to precipitation. Photogrammetric engineering and remote sensing，2005，71（9）：1053.

[60] Ji L，Peters A J. A spatial regression procedure for evaluating the relationship between AVHRR-NDVI and climate in the northern Great Plains. International Journal of Remote Sensing，2004，25（2）：297-311.

[61] Jong R，Verbesselt J，Schaepman M E，et al.. Trend changes in global greening and browning：contribution of short-term trends to longer-term change. Global Change Biology，2012，18（2）：642-655.

[62] Jonsson P，and Eklundh L. Seasonality extraction by function fitting to time-series of satellite sensor data，IEEE Transactions on Geoscience and Remote Sensing，2002（40）：1824-1832.

[63] Justice C O，Dugdale G，Townshend J R G，et al.. Synergism between NOAA AVHRR and Meteosat data for studying vegetation development in semi-arid West Africa. International Journal of Remote Sensing，1991，12（6）：1349-1368.

[64] Kaufmann R K，Zhou L，Myneni R B，et al.. The effect of vegetation on surface temperature：A statistical analysis of NDVI and climate data. Geophysical Research Letters，2003（22）：2147.

[65] Kawabata A，Ichii K，Yamaguchi Y. Global Monitoring of the Interannual Changes in Vegetation Activities Using NDVI and Its Relationships to Temperature and Precipitation. International Journal of Remote Sensing，2001，22：1377-1382.

[66] Kerr J T，Ostrovsky M. From space to species：ecological applications of remote sensing. Trends in Ecology and Evolution，2003，18，299-305.

[67] Khan N M，Rastoskuev V V. Assessment of Hydrosaline Land Degradation by Using a Simple Approach of Remote Sensing Indicators. Agricultural Water Management，2005，77（1-3）：96-109.

[68] Kira T. A new classification of climate in eastern Asia as the basis for agricultural geography. Horicultural Institute，Kyoto：Kyoto Univ，1945.

[69] Knapp A K，Smith M D. Variation among biomes in temporal dynamics of aboveground primary production. Science，2001（291）：481-484.

[70] Koc San D，Turker M. A model-based approach for automatic building database updating from high-resolution space imagery. International Journal of Remote Sensing，2012，33（13）：4193-4218.

[71] Lamprey H F. Report on the desert encroachment reconnaissance in northern Sudan. UNESCO/UNEP，Paris/Nairobi，1975.

[72] Lanfredi M，Lasaponara R，Simoniell T，et al.. Multiresolution spatial characterization of land degradation phenomena in southern Italy from 1985 to 1999 using NOAA-AVHRR NDV I data. Geophysical Research Letters，2003，30（2）：1069.

[73] Lasponara R. On the use of principal component analysis（PCA）for evaluating interannual vegetation anomalies from SPOT/VEGETATION NDVI temporal series. Ecological Modelling，2006（194）：429-434.

[74] Le Houerou H N，Hoste C H. Rangeland production and annual rainfall relations in the Mediterranean basin and in the African Sahelo-Sudanian zone. J.Range Management，1977，30：163-178.

[75] Le Houerou H N. Climate changes，drought and desertification. J.Arid Environ.1996（34）：133-185.

[76] Le Houerou H N. Rain use efficiency：a unifying concept in arid-land ecology. Journal of Arid Environments，1984（7）：213-247.

[77] Li A，Wu J，Huang J. Distinguishing between human-induced and climate-driven vegetation changes：a critical application of RESTREND in inner Mongolia. Landscape Ecology，2012，27（7）：969-982.

[78] Li J，Lewis J，Rowland J，et al.. Evaluation of land performance in Senegal using multi-temporal NDVI and rainfall series. J.of Arid Environments，59：463-480.Special Feature：Applications of Geospatial Techniques Rangeland Ecol Manage，2004，59：19-29.

[79] Liu S，Gong P. Change of surface cover greenness in China between 2000 and 2010. Chinese Science Bulletin，2012，57（22）：2835-2845.

[80] Lovell J L，Graetz R D. Filtering pathfinder AVHRR Land NDVI datafor Australia. Int.J.Rem.Sens.2001（13），2649-2654.

[81] Ludeke M K B，Ramge P H，Kohlmaier G H. The use of satellite NDVI data for the validation of global vegetation phenology models：application to the Frankfurt Biosphere odel.Ecol. Model.，1996，91，255-270.

[82] Ma M，Veroustraete F. Reconstructing Pathfinder AVHRR Land NDVI time-series data for the Northwest of China. Advances in Space Research，2006（37）：835-840.

[83] Maron J，Harrison S. Spatial pattern formation in an insect host-parasitoid system. Science，1997（278）：1619-1621.

[84] Maruca S L，Jacquez G M. Area-based Tests for Association between Spatial Patterns. Journal of Geographical Systems，2002（4）：69-84.

[85] Middleton N J，Thomas D S G. World Atlas of Desertification. London：Edward Amold，1998.

[86] Milich L，Weiss E. GAC NDVI images：relationship to rainfall and potential evaporation in the grazing lands of The Gourma（northern Sahel）and in the croplands of the Niger-Nigeria border（southern Sahel）. International Journal of Remote Sensing，2000，21：261-280.

[87] Mouat D，Lancaster J，Wade T，et al. Desertification evaluated using an integrated environmental assessment model . Environmental Monitoring and Assessment，1997，48：139-156.

[88] Neilson R P，Marks D. A global perspective of regional vegetation and hydrologic sensitivities from climatic change. J Veg Sci，1994，5：715-730.

[89] Neilson R P. A model for predicting contiental-scale vegetation distribution and water balance. Ecological Applications，1995，5（2）：362-385.

[90] Nemani R R，Keeling C D，Hashimoto H，et al.. Climate-drivenincrease in global terrestrial net primary production from 1982 to 1999. Science，2003（300）：1560-1563.

[91] Nicholson S E，Tucher C J，Ba M B. Desertification，Drought and Sufrace Vegetation：An example from the West African Sahel. Bulletin of the American Meteorological Society，1998，79(5)：815-829.

[92] O'Connor T G，Haines L M，Snyman H A. Influence of precipitation and species composition on phytomass of a semi-arid African grassland. Journal of Ecology，2001，89：850-860.

[93] Omuto C T. A new approach for using time-series remote-sensing images to detect changes in vegetation cover and composition in drylands：a case study of eastern Kenya. International Journal of Remote Sensing，2011，32（21）：6025-6045.

[94] Paruelo J M，Piñeiro G，Oyonarte C，et al.. Temporal and spatial patterns of ecosystem functioning in protected arid areas in southeastern Spain. Applied Vegetation Science，2005（8）：93-102.

[95] Perry C R，Lautenschlager L F. Functional equivalence of spect ral vegetation indices. Remote Sens.Envi ron.，1984，14：169-182.

[96] Pettorelli N，Vik J O，Mysterud A，et al.. Using the satellite-derived NDVI to assess ecological

responses to environmental change. Trends in Ecology and Evolution，2005，20（9）：503-510.

[97] Piao S L，Fang J Y，Ji W，et al.. Variation in a satellite-based vegetation index in relation to climate in China. Journal of Vegetation Science，2004，15（2）：219-226.

[98] Piao S L，Fang J Y，Liu H Y，et al.. NDVI-indicated decline in desertification in China in the past two decades. Geophysical Research Letters，2005（32）：1-4.

[99] Pickup G. Estimating the effects of land degradation and rainfall variation on productivity in rangelands：An approach using remote sensing and models of grazing and herbage dynamics. J.Appl.Ecol.1996，33：819-832.

[100] Prentice I C，Cramer W，Harrison SP，et al.. A global biome model based on plant physiology and dominance，soil properties and climate. Journal of Biogeography，1992（19）：117-134.

[101] Prince S D，E Brown de Colstoun，L L Kravitz. Evidence from rain-use efficiencies does not indicate extensive Sahelian desertification. Global Change Biology，1998（4）：359-374.

[102] Prince S D. Spatial and temporal scales of measurement of desertification.In：Stafford-Smith，M.，Reynolds，J.F.（Eds.），Global Desertification：Do Humans Create Deserts？Berlin：Dahlem University Press，2002：23-40.

[103] Reining P. Handbook on Desertification Indicators. Washington DC：American Association for the Advancement of Science，1978.

[104] Reynolds J F，Stafford-Smith D M. Global Desertification：Do Humans Cause Deserts？ Dahlem University Press，Berlin.2002.

[105] Rigge M，Wylie B，Gu Y，et al.. Monitoring the status of forests and rangelands in the Western United States using ecosystem performance anomalies. International Journal of Remote Sensing，2013，34（11）：4049-4068.

[106] Robertson L D，Douglas K J. Comparison of Pixel and Object-Based Classification In Land Cover Change Mapping. International Journal of Remote Sensing，2011，32（6）：1505-1529.

[107] Roerink G J，Menenti M，Verhoef W. Reconstructing cloud free NDVI composites using Fourier analysis of time series. International Journal of Remote Sensing，2000，21（9）：1911-1917.

[108] Roerink G J，Soepboer W，Soepboer W. Assessment of Climate Impact on Vegetation Dynamics by Using Remote Sensing. Physics and Chemistry of the Earth，2003，28（1）：103-109.

[109] Schmidt H，Karnieli A. Remote sensing of the seasonal variability of vegetation in a semi-arid environment. Journal of Arid Environments，2000（45）：43-59.

[110] Seaquist J，Hickler T，Eklundh L，et al.. Disentangling the effects of climate and people on Sahel vegetation dynamics. Biogeosciences，2009，6（3）：469-477.

[111] Sellers P J. Canopy reflectance，photosynthesis and transpiration. International Journal of Remote Sensing 1985，6：1335-1372.

[112] Shashi S，Sanjay C. Spatial Databases. Prentice Hall，2003.

[113] Sitch S，Smith B，Prentice I C，et al. Evaluation of ecosystem dynamics，plant geography and terrestrial carbon cycling in the LPJ dynamic global vegetation model. Global Change Biology，2003（9）：161-185.

[114] Sivakumar M V K. Interactions between climate and desertification. Agric For Meteorol.，2007（142）：143-155.

[115] Snyman H A. Dynamics and sustainable utilization of rangeland ecosystems in arid and semi-arid climates of southern Africa. Journal of Arid Environments，1998，39：645-666.

[116] Stoms D M. Potential NDVI as a baseline for monitoring ecosystem functioning. International Journal of Remote Sensing，2000，21（2）：401-407.

[117] Stow D，Hope A，McGuire D，et al.. Remote sensing of vegetation and land-cover change in Arctic Tundra Ecosystems. Remote Sensing of Environment，2004，89（3）：281-308.

[118] Su C，Fu B. Evolution of ecosystem services in the Chinese Loess Plateau under climatic and land use changes. Global and Planetary Change，2013，101：119-128.

[119] Sun J G，Ai T H，Zhao C Y，et al.. Assessing vegetation degradation in Loess Plateau by using potential vegetation index. IEEE International Geoscience and Remote Sensing Symposium，IGARSS 2007，2008：1794-1797.

[120] Sun J G，Cao J，Duan H E et al. Monitoring ecological health of wetlands and adjacent uplands by combining MODIS vegetation index and wetness index//2012 International Symposium on Geomatics for Integrated Water Resources Management（GIWRM），October 19-21，2012，Lanzhou，Gansu，China.（EI）

[121] Suzuki R，Tanka S，Yasunari T. Relationships between meridional profiles of satellite-derived vegetation index（NDVI）and climate over Siberia. International Journal of Climatology，2000（20）：955-967.

[122] Suzuki R，Xu J，Motoya K. Global analyses of satellite-derived vegetation index related to climatological wetness and warmth. International Journal of Climatology，2006，26（4），425-438.

[123] Symeonakis E，Drake N. Monitoring desertification and land degradation over sub Saharan Africa. International Journal of Remote Sensing，2004，25（3）：573-592.

[124] Thomas D S G，Middleton N J. Desertification：exploding the myth. Chichester：John Wiley &Sons，1994.

[125] Thornthwaite C W. An approach to a rational classification of climate，Geogr.Rev. 1948（38）：55-94.

[126] Tobler W. Cellular geography.Philosophy in Geography. Dordrecht，1979.

[127] Tucker C J，Dregne H E，Newcomb W W. Expansion and contraction of the Sahara Desert from 1980 to 1990. Science，1991，253：299-301.

[128] Tucker C J，Slayback D A，Pinzon J E，et al. Higher northern latitude NDVI and growing season trends from 1982 to 1999. Int J Biometeorol，2001，45：184-190.

[129] Tucker C J. Africa land-cover classification using satellite data. Science，1985，227：369-375.

[130] Tucker C，Pinzon J，Brown M，et al.. An extended AVHRR 8 km NDVI dataset compatible with MODIS and SPOT vegetation NDVI data. International Journal of Remote Sensing，2005，26（20）：4485-4498.

[131] Tueller P T. Remote sensing science applications in arid environments. Remote Sensing of Environment，1987（23）：143-154.

[132] Udelhoven T，Stellmes M，Del Barrio G，et al.. Assessment of rainfall and NDVI anomalies in Spain（1989-1999）using distributed lag models. International Journal of Remote Sensing，2009，30（8）：1961-1976.

[133] UNCCD. United Nations Convention to Combat Desertification，Geneva，Switzerland，United Nations，1994：58.

[134] UNEP. World Atlas of Desertification. 2nd edition. London：Edward Amold，1998：182.

[135] Van Dijk A，et al..（1987）Smoothing vegetation index profiles：an alternative method for reducing radiometric disturbance in NOAA/AVHRR data. Photogram. Engin. Remote Sens. 53，1059-1067.

[136] Veron S R，Paruelo J M. Oesterheld M. Assessing desertification. Journal of Arid Environments，2006，66（4）：751-763.

[137] Vicente-Serrano S M. Differences in spatial patterns of drought on different time scales：An analysis of the Iberian Peninsula. Water Resour. Manag.，2006（20），37-60.

[138] Vicente-Serrano S M，Lasanta T，Romo A. Analysis of spatial and temporal evolution of vegetation cover in the spanish central pyrenees：Role of human management. Environment Management，2005a，34（6）：802-818.

[139] Vicente-Serrano S M，Saz M A，Cuadrat J M. Comparative analysis of interpolation methods in the middle Ebro valley（Spain）：application to annual precipitation and temperature. Climate Research，2003，24，161-180.

[140] Vicente-Serrano S M. Aridity influence on vegetation patterns in the middle Ebro Valley（Spain）. Journal of Arid Environment，2005b，10（21）：233-245.

[141] Walker B H，Abel N，Stafford Smith D M，et al.. A Frame work for the determinants of degradation in arid ecosystems//Reynolds，J.F.，Stafford Smith，D.M.（Eds.），Global Desertification：Do Humans Create Deserts？ Dahlem University Press，Berlin，2002：75-94.

[142] Wang J，Meng J J，Cai Y L. Assessing vegetation dynamics impacted by climate change in the southwestern karst region of China with AVHRR NDVI and AVHRR NPP time-series.2007，54（6）：1185-1195.

[143] Wang J，Price K P，Rich P M. Spatial patterns of NDVI in response to precipitation and temperature in the central Great Plains. International Journal of Remote Sensing，2001，22（18）：3827-3844.

[144] Wang J，Price K P，Rich P M. Temporal responses of NDVI to precipitation and temperature in the

central Great Plains，USA. International Journal of Remote Sensing，2003，24（11）：2345-2364.

[145] Wang L，D'odorico P，Evans J P，et al.. Dryland ecohydrology and climate change：critical issues and technical advances. Hydrology and Earth System Sciences Discussions，2012，9（4）：4777-4825.

[146] Wang Qinxue，HIDENORI TAKAHASHI. A Land Surface Water Deficit Model for an Arid and Semiarid Region：Impact of Desertification on the Water Deficit Status in the Loess Plateau，China. Journal of Climat，1999，12（1）：244-257.

[147] Wang T，Sun J G，Han H，et al.. The relative role of climate change and human activities in the desertification process in Yulin region of Northwest China . Environmental Monitoring and Assessment，2012，184（12）：7165-7173.

[148] Weiss E，Marsh S E，Pfirman E S. Application of NOAA-AVHRR NDVI time-series data to assess changes in Saudi Arabia's rangelands. International Journal of Remote Sensing，2001，22：1005-1027.

[149] Wessels K J，Prince S D，Malherbe J et al. Can human-induced land degradation be distinguished from the effects of rainfall variability？ A case study in South Africa. Journal of Arid Environments，2007，68（2）：271-297.

[150] Wessels K J，Van Den Bergh F，Scholes R J. Limits to detectability of land degradation by trend analysis of vegetation index data. Remote Sensing of Environment，2012，125：10-22.

[151] Wessels K J，Prince S D，Frost P E，et al. Assessing the effects of human-induced land degradation in the former homelands of northern South Africa with a 1 km AVHRR NDVI time-series. Remote Sensing of Environment，2004，91，47-67.

[152] Wessels K J，Prince S D，Zambatis N，et al.. Relationship between herbaceous biomass and 1 km^2 Advanced Very High Resolution Radiometer（AVHRR）NDVI in Kruger National Park，South Africa. International Journal of Remote Sensing，2006，27：951-973.

[153] Xiao J，Shen Y，Tateishi R，et al.. Development of Topsoil Grain Size Index for Monitoring Desertification in Arid Land Using Remote Sensing. International Journal of Remote Sensing，2006，27（12）：2411-2422.

[154] Xin ZB，Xu JX，Zheng W. The effects of climate change and human activities on vegetation cover of the Loess Plateau. Science in China（Series D）. 2007，37（11）：1504-1514.

[155] Xu D，Kang X，Qiu D，et al.. Quantitative Assessment of Desertification Using Landsat Data on a Regional Scale——A Case Study in the Ordos Plateau，China. Sensors，2009，9（3）：1738-1753.

[156] Xu H Q. Analysis of Impervious Surface and its Impact on Urban Heat Environment using the Normalized Difference Impervious Surface Index（NDISI）. Photogrammetric Engineering and Remote Sensing，2010，76（5）：557-565.

[157] Xue Y，Shukla J. The influence of land surface properties on Sahel climate.Part 1：Desertification. Journal of Climate，1993（6）：2232-2245.

[158] Yu F，Price K P，Ellis J，et al.. Response of seasonal vegetation development to climatic variations in

eastern central Asia. Remote Sensing of Environ，2003，87：42-54.

[159] Zhao C Y，Nan Z R，Cheng G D，et al. GIS-assisted modelling of the spatial distribution of Qinghai spruce in the Qilian Mountain，northwestern China based on biophysical parameters. Ecological Modelling，2006，191：487-500.

[160] Zhou H，Van Rompaey A，Wang J A. Detecting the impact of the “Grain for Green” program on the mean annual vegetation cover in the Shaanxi province，China using SPOT-VGT NDVI data. Land Use Policy，2009，26（4）：954-960.

[161] Zhou L，Kaufmann R K，Tian Y，et al. Relation between interannual variations in satellite measures of northern forest greenness and climate between 1982 and 1999，Journal of Geophysical Research-Atmospheres，2003：1-11.

[162] Zhou L，Tucker C J，Kaufmann R K，et al. Variations in northern vegetation activity inferred from satellite data of vegetation index during 1981—1999. J Geophys Res，2001，106（17）：69-83.

[163] 艾丽坤，郭维栋. 从地-气温差的长期变化检测中国北部土壤荒漠化. 地理学报，2003，58（1）：108-116.

[164] 蔡博峰. 三北防护林工程监测和评价研究. 北京：化学工业出版社，2009.

[165] 蔡学彩，李镇清，陈佐忠，等. 内蒙古草原大针茅群落地上生物量与降水量的关系. 生态学报，2005，25（7）：138-144.

[166] 曹鑫，辜智慧，陈晋，等. 基于遥感的草原退化人为因素影响趋势分析. 植物生态学报，2006，30（2）：268-277.

[167] 陈启浩，高伟，刘修国. 辅以纹理特征的高分辨率遥感影像分类. 测绘科学，2008，33（1）：88-90.

[168] 陈晓峰. 利用 GIS 方法建立山区温度分布模型. 中国图像图形学报，1998（3）.

[169] 陈星，雷鸣，汤剑平. 地表植被改变对气候变化影响的模拟研究. 地球科学进展，2006，21（10）：1075-1082.

[170] 陈玉福，徐新良，王石英. 内蒙古高原浑善达克沙地区土地利用与覆被变化及退化趋势. 山地学报，2006，24（1）：60-64.

[171] 陈云浩，李晓兵，史培军. 基于遥感的 NDVI 与气候关系图示研究. 中国图像图形学报，2002，7（A）（4）：332-335.

[172] 程积民. 中国黄土高原植被建设与水土保持. 北京：中国林业出版社，2002.

[173] 池宏康. 黄土高原地区提取植被信息方法的研究. 植物学报，1996，38（1）：40-44.

[174] 慈龙骏，等. 中国的荒漠化及其防治. 北京：高等教育出版社，2005.

[175] 慈龙骏，吴波. 中国荒漠化气候类型划分与中国荒漠化潜在发生范围的确定. 中国沙漠，1997，17（2）：107-112.

[176] 慈龙骏，杨晓晖，陈仲新. 未来气候变化对中国荒漠化的潜在影响. 地学前缘，2002，9（2）：287-294.

[177] 慈龙骏.我国荒漠化发生机理与防治对策. 第四纪研究，1998（2）：97-107.

[178] 丁国栋，赵廷宁，范建友，等. 荒漠化评价指标体系研究现状述评. 北京林业大学学报，2004(1)：92-96.

[179] 董玉祥，刘玉璋，刘毅华. 沙漠化若干问题研究. 西安：西安地图出版社，1995.

[180] 方精云，朴世龙，贺金生，等. 近20年来中国植被活动在增加. 中国科学：C辑，2003（33）：554-565.

[181] 傅抱璞. 小气候学. 北京：气象出版社，1994.

[182] 高会军，姜琦刚，霍晓斌. 陕北长城沿线沙质荒漠化遥感研究. 自然资源学报，2005，20（3）：471-475.

[183] 高清竹，李玉娥，林而达，等. 藏北草地退化时空特征. 地理学报，2005，61（6）：965-973.

[184] 高尚武，王葆芳，朱灵益. 中国沙质荒漠化土地监测评价指标体系. 林业科学，1998，34（2）：1-10.

[185] 高志海，李增元，丁国栋，等. 基于植被降水利用效率的荒漠化遥感评价方法. 中国水土保持科学，2005，3（2）：37-41.

[186] 高志海，孙保平，丁国栋. 荒漠化评价研究综述. 中国沙漠，2004，24（1）：17-23.

[187] 高志强，刘纪远. 基于遥感和 GIS 的中国植被指数变化的驱动因子分析及模型研究. 气候与环境研究，2000，5（2）：155-164.

[188] 龚道溢，史培军，何学兆. 北半球春季植被 NDVI 对湿度变化响应的区域差异. 地理学报，2002，57（5）：505-514.

[189] 顾娟，李新，黄春林. NDVI时间序列数据集重建方法述评. 遥感技术与应用.2006，21(4)：391-395.

[190] 郭德军，宋蛰存. 基于灰度共生矩阵的纹理图像分类研究. 林业机械与木工设备，2005，33(7)：21-23.

[191] 郭仁忠. 空间分析. 武汉：武汉测绘科技大学出版社，2000：1-7.

[192] 虢建宏，田庆久，吴昀昭. 遥感影像阴影多波段检测与去除理论模型研究. 遥感学报，2006，10（2）：151-159.

[193] 胡孟春. 奈曼旗土地沙漠化系统动态仿真研究. 地理学报，1991，46（1）：84-92.

[194] 胡中民，樊江文，钟华平，等. 中国温带草地地上生产力沿降水梯度的时空变异性，中国科学(D)，2006，36（12）：1154-1162.

[195] 姜立鹏，覃志豪，谢雯. 基于单时相 MODIS 数据的草地退化遥感监测研究，中国草地学报，2007，29（1）：39-43.

[196] 李宝林，周成虎. 东北平原西部沙地近10年的沙质荒漠化. 地理学报，2001，56(3)：307-315.

[197] 李宝林，周成虎. 东北平原西部沙地沙质荒漠化的遥感监测研究. 遥感学报，2000，4(2)：117-122.

[198] 李本纲，陶澍. AVHRR NDVI 与气候因子的相关分析. 生态学报，2000，20（5）：898-902.

[199] 李斌，张金屯. 黄土高原地区植被与气候的关系. 生态学报，2003，23（1）：82-89.

[200] 李登科，郭铌，何慧娟. 陕北长城沿线风沙区植被指数变化及其与气候的关系. 生态学报，2007，

27（11）：4620-4629.

[201] 李登科，何慧娟，刘安麟. 人类活动和气候变化对红碱淖植被覆盖变化的影响. 中国沙漠，2010，30（4）：831-836.

[202] 李锋，孙时衡. 景观生态学在荒漠化监测与评价中应用的初步研究——以青海沙珠玉地区为例. 生态学报，2001，21（3）.

[203] 李锋. 景观生态学方法在荒漠化监测中应用的理论分析. 干旱区研究，1997，14（1）：69-73.

[204] 李清河，孙保平，孙李达. 荒漠化动态监测与评价研究进展. 北京林业大学学报，1998，20（3）：67-73.

[205] 李双双，延军平，万佳. 近 10 年陕甘宁黄土高原区植被覆盖时空变化特征. 地理学报，2012，67（7）：960-970.

[206] 李霞，李晓兵，陈云浩，等. 中国北方草原植被对气象因子的时滞响应，植物生态学报，2007，31（6）：1054-1062.

[207] 李晓兵，王瑛，李克让. NDVI 对降水季节性和年际变化的敏感性. 地理学报，2000，55（增刊）：82-89.

[208] 李晓松，姬翠翠，曾源，等. 基于遥感和 GIS 的水土流失动态监测——以河北省赤城县为例. 生态学杂志，2009，28（9）：1723-1729.

[209] 李新，程国栋，卢玲. 空间内插方法比较. 地球科学进展，2000，15（3）：260-265.

[210] 李新，程国栋，卢玲. 青藏高原气温分布的空间插值方法比较. 高原气象，2003，22（6）：565-573.

[211] 李新运，郑新奇. 基于信息熵的离散空间场相关指数计算方法. 地理与地理信息科学，2003（6）：35-37.

[212] 李艳霞，闫冬梅，徐素妍，等. 基于彩色空间多特征的高空间分辨率遥感影像阴影检测. 装备指挥技术学院学报，2007，18（3）.

[213] 李振山，王一谋. 沙漠化评价基本理论初探. 中国沙漠，1994，14（2）：84-89.

[214] 李忠峰，蔡运龙. 陕北榆林市土地覆被变化分析. 地理科学进展，2006，25（6）：102-107.

[215] 李忠锋，王一谋，冯毓荪，等. 榆林市农业景观格局变化研究. 中国沙漠，2004，24（5）：553-557.

[216] 刘爱霞. 中国及中亚地区荒漠化遥感监测研究. 中国科学院研究生院（遥感应用研究所），2004.

[217] 刘华民，吴绍洪，郑度，等. 潜在自然植被研究与展望. 地理科学进展，2004，23（1）：62-70.

[218] 刘纪远，庄大方，凌扬荣. 基于 GIS 的中国东北植被综合分类研究. 遥感学报，1998，2（4）：285-291.

[219] 刘绿柳，肖风劲. 黄河流域植被 NDVI 与温度、降水关系的时空变化. 生态学杂志，2006，25（5）：477-481.

[220] 刘彦随，Jay Gao. 陕北长城沿线地区土地退化态势分析. 地理学报，2002，57（4）：443-450.

[221] 刘玉平. 荒漠化评价的理论框架. 干旱区资源与环境，1998，12（3）：74-82.

[222] 龙晶. AVHRR 数据在中国荒漠化宏观监测中的应用研究.中国科学院遥感应用研究所.1998 遥感进展. 大连：中国地理学会环境遥感分会，1998.

[223] 罗君，许端阳，任红艳. 2000—2010 年鄂尔多斯地区沙漠化动态及其气候变化和人类活动驱动影响的辨识. 冰川冻土，2013，35（01）：48-56.

[224] 马明国，王建，王雪梅. 基于遥感的植被年际变化及其与气候关系研究进展. 遥感学报，2006，10（3）：421-431.

[225] 毛政元. 空间模式的测度与应用. 北京：科学出版社，2004：70-75.

[226] 孟猛，倪健，张治国. 地理生态学的干燥度指数及其应用评述. 植物生态学报，2004，28（6）：853-861.

[227] 那波，贾树海，刘扬. 关于荒漠化评价几个问题的探讨，中国农业通报，2006（1）：30-36.

[228] 倪健. BIOME 系列模型：主要原理与应用. 植物生态学报，2002，26（4）：481-488.

[229] 彭飞，王涛，薛娴. 基于 RUE 的人类活动对沙漠化地区植被影响研究——以科尔沁地区为例. 中国沙漠，2010，30（4）：896-902.

[230] 孙建国，王涛，颜长珍. 气候变化和人类活动在榆林市荒漠化过程中的相对作用. 中国沙漠，2012，32（3）：625-630.

[231] 孙建国，艾廷华，帅赟，等. 类型地图的空间相关关系，武汉大学学报（信息科学版），2008a，33（1）：101-104.

[232] 孙建国，艾廷华，王沛，等. 基于 NDVI-气候变量特征空间的植被退化评价，武汉大学学报（信息科学版），2008b，33（6）：8-11.

[233] 孙建国，姜烨，颜长珍. 利用专题指数改善沙漠化土地遥感分类精度. 遥感技术与应用，2013，28（4）：655-658.

[234] 孙建国，杨树文，段焕娥，等. 基于光谱和纹理特征的山区高分辨率遥感影像分类.测绘科学，2009，34（6）：92-93.

[235] 孙建国，赵军，甄计国，等. 基于 DTM 的黄土丘陵沟壑区太阳辐射值计算模型及应用研究.测绘工程，2003，12（1）：28-30.

[236] 孙睿，刘昌明，朱启疆. 黄河流域植被覆盖度动态变化与降水的关系. 地理学报，2001，56（6）：667-672.

[237] 孙司衡. 关于荒漠化及其在我国影响范围的讨论.国家林业局荒漠化监测中心编. 中国荒漠化监测技术研究. 北京：中国林业出版社，2000：120-124.

[238] 孙武，李保生. 荒漠化分类分级理论的初步探讨. 地理研究.1999，18（3）：225-230.

[239] 孙武，李森. 土地退化评价与监测技术路线的研究. 地理科学，2000，20（2）：92-96.

[240] 孙武，南忠仁，李保生，等. 荒漠化指标体系设计原则的研究. 自然资源学报，2000，15（2）：160-170.

[241] 孙艳玲，延晓冬，谢德体. 基于因子分析方法的中国植被 NDVI 与气候关系研究，山地学报，2007，25（1）：54-63.

[242] 孙智辉，罗琳，苏锋，等. 陕北北部植被生态环境变化遥感监测及对径流的影响分析. 陕西林业科技，2006（4）：1-5.

[243] 索安宁，熊颖，熊友才，等. 黄土高原典型区植被冗亏研究. 生态学报，2007，27（3）：989-996.

[244] 田亚平. 关于荒漠化几个理论问题的探讨. 南京大学学报（自然科学版）.2003，39（3）：433-439.

[245] 王超，戚鹏程，冯兆东. 基于 CART 模型陇西黄土高原潜在 NDVI 模拟. 兰州大学学报（自然科学版），2009，45（5）：17-27.

[246] 王澄海，惠小英. 以植被指数 0.12 为指标看我国的荒漠化与草原界限的变化. 中国沙漠，2005，25（1）：88-92.

[247] 王君厚，孙司衡. 荒漠化类型划分及其数量化评价体系. 干旱环境监测，1996，10（3）：129-137.

[248] 王朗，傅伯杰，吕一河，等. 生态恢复背景下陕北地区植被覆盖的时空变化. 应用生态学报，2010，21（08）：2109-2116.

[249] 王权. 应用 SUNLIGHT 模型求算微起伏区太阳辐射值. 地理科学，1998（6）.

[250] 王涛，吴薇，王熙章. 沙质荒漠化的遥感监测与评估——以中国北方沙质荒漠化区内的实践为例. 第四纪研究，1998（2）：108-118.

[251] 王涛，薛娴，吴薇，等. 中国北方沙漠化土地防治区划（纲要）. 中国沙漠，2005，25（6）：816-817.

[252] 王晓. 陕西榆林生态环境建设有关问题探讨. 水土保持研究，2003，10（4）：278-279.

[253] 王晓峰，任志远，马智民. 基于 RS 和 GIS 长城沿线沙漠化动态研究. 中国沙漠，2009，29（4）：623-627.

[254] 翁笃鸣. 山区地形气候，北京：气象出版社，1999.

[255] 吴波，苏志珠，陈仲新. 中国荒漠化潜在发生范围的修订. 中国沙漠，2007，27（6）：911-917.

[256] 吴宏安，蒋建军，周杰，等. 西安城市扩张及其驱动力分析. 地理学报，2005，60（1）：143-150.

[257] 吴绍洪，戴尔阜，黄玫，等. 21 世纪未来气候变化情景（B2）下我国生态系统的脆弱性研究. 科学通报，2007，52（7）：811-817.

[258] 夏训成，杨根生，等. 中国西北地区沙尘暴灾害及防治. 北京：中国环境科学出版社，1996.

[259] 香宝，刘纪远. 东亚土地覆盖动态与季风气候年际变化的关系. 地理学报，2002，57：39-46.

[260] 信忠保，许炯心，郑伟. 气候变化和人类活动对黄土高原植被覆盖变化的影响. 中国科学（D 辑：地球科学），2007，37（11）：1504-1514.

[261] 信忠保，许炯心. 黄土高原地区植被覆盖时空演变对气候的响应. 自然科学进展，2007，17（6）：770-778.

[262] 熊小刚，韩兴国，陈全胜，等. 平衡与非平衡生态学在锡林河流域典型草原放牧系统中的应用. 生态学报，2004，24（10）：2165-2170.

[263] 徐涵秋. 利用改进的归一化差异水体指数（MNDWI）提取水体信息的研究. 遥感学报，2005，9（5）：589-595.

[264] 徐建华，岳文泽，谈文琦. 城市景观格局尺度效应的空间统计规律——以上海中心城区为例. 地理学报，2004（6）：1058-1067.

[265] 徐建华. 现代地理学中的数学方法（第 2 版）. 北京：高等教育出版社，2002.

[266] 徐兴奎，林朝晖，李建平. 利用卫星遥感资料对中国地表植被及荒漠化时空演变和分布的研究. 自然科学进展，2001，11（7），699-703.

[267] 许端阳，李春蕾，庄大方，等. 气候变化和人类活动在沙漠化过程中相对作用评价综述. 地理学报，2011，66（01）：68-76.

[268] 许端阳，康相武，刘志丽，等. 气候变化和人类活动在鄂尔多斯地区沙漠化过程中的相对作用研究. 中国科学（D 辑），2009，39（4）：516-528.

[269] 闫浩文. 空间方向关系的概念、计算和形式化描述模型研究. 武汉：武汉大学，2001.

[270] 颜梅春. 高分辨率影像的植被分类方法对比研究. 遥感学报，2007，11（2）：235-240.

[271] 杨俊，赵忠明，杨健. 一种高分辨率遥感影像阴影去除方法. 武汉大学学报：信息科学版，2008，33（1）：17-20.

[272] 杨凯，高清竹，李玉娥，等. 藏北地区草地退化空间特征及其趋势分析. 地球科学进展，2007，22（4）：410-416.

[273] 杨胜天，刘昌明，孙睿. 近 20 年来黄河流域植被覆盖变化分析. 地理学报，2003，57（1）：679-692.

[274] 杨述河，闫海利，郭丽英. 北方农牧交错带土地利用变化及其生态环境效应——以陕北榆林市为例. 地理科学进展，2004，23（6）：49-55.

[275] 杨晓晖，张克斌，慈龙骏. 中国荒漠化评价的现状、问题及其解决途径. 中国水土保持科学，2004，1：24-30.

[276] 杨永春. 干旱区流域下游绿洲环境变化及其成因分析——以甘肃省河西地区石羊河流域下游民勤为例. 人文地理，2003，18（4）：42-47.

[277] 榆林市统计局.榆林统计年鉴（1996 年）. 北京：中国统计出版社，1996.

[278] 榆林市统计局.榆林统计年鉴（1997 年）. 北京：中国统计出版社，1997.

[279] 榆林市统计局.榆林统计年鉴（1998 年）. 北京：中国统计出版社，1998.

[280] 榆林市统计局.榆林统计年鉴（1999 年）. 北京：中国统计出版社，1999.

[281] 榆林市统计局.榆林统计年鉴（2000 年）. 北京：中国统计出版社，2000.

[282] 榆林市统计局.榆林统计年鉴（2001 年）. 北京：中国统计出版社，2001.

[283] 榆林市统计局.榆林统计年鉴（2002 年）. 北京：中国统计出版社，2002.

[284] 榆林市统计局.榆林统计年鉴（2003 年）. 北京：中国统计出版社，2003.

[285] 张百平，许娟，武红智. 中国山地垂直带的数字集成与基本规律分析. 山地学报，2006，24（2）：144-149.

[286] 张百平，周成虎，陈述彭. 中国山地垂直带信息图谱的探讨. 地理学报，2003，58（2）：163-171.

[287] 张广军. 水土流失及荒漠化监测与评价. 北京：中国水利出版社，2005：159-174.

[288] 张宏，慈龙骏，孙保平. 对荒漠化几个理论问题的初步探讨. 地理科学，1999，19（5）：446-450.

[289] 张井勇，董文杰，叶笃正，等. 中国植被覆盖对夏季气候影响的新证据. 科学通报，2003，48（1）：91-95.

[290] 张学霞，葛全胜，郑景云. 近 50 年北京植被对全球变暖的响应及其时效——基于遥感数据和物